U0366410

2021年

为师有道

上海交通大学"教书育人奖"事迹汇编

上海交通大学党委教师工作部　主编

上海交通大学出版社
SHANGHAI JIAO TONG UNIVERSITY PRESS

内容提要

本书由获得上海交通大学 2021 年"教书育人奖"个人一、二等奖和团队一、二等奖获奖个人及团队先进事迹共 27 篇文章汇编而成。为全面贯彻党的教育方针，推进落实全国高校思想政治工作会议精神，深入推进"学在交大"，增强广大教师"立德树人、教书育人"的荣誉感和责任感，2017 年起，上海交通大学启动了首届"教书育人奖"的评选工作，每年一届，2021 年为第五届。为充分展示获奖个人及团队的先进事迹，上海交通大学主页推出了"交大名师"专栏，对获奖教师的事迹进行展示，本书将其汇编，旨在充分发挥获奖教师或团队引领示范作用，激励广大教师心有大我、至诚报国，教书育人、敢为人先，淡泊名利、甘于奉献，进一步坚持"价值引领、知识探究、能力建设、人格养成"四位一体的人才培养理念，全面加快中国特色世界一流大学建设。本书适合所有高校教育工作者和教育管理者阅读、参考。

图书在版编目（CIP）数据

为师有道：2021 年上海交通大学"教书育人奖"事迹汇编／上海交通大学党委教师工作部主编. —上海：上海交通大学出版社，2022.7

　　ISBN 978－7－313－26985－0

　　Ⅰ. ①为…　Ⅱ. ①上…　Ⅲ. ①上海交通大学—优秀教师—先进事迹—2021　Ⅳ. ①K825.46

　　中国版本图书馆 CIP 数据核字（2022）第 104900 号

为师有道
WEISHI YOUDAO
2021 年上海交通大学"教书育人奖"事迹汇编
2021NIAN SHANGHAI JIAOTONG DAXUE "JIAOSHU YUREN JIANG" SHIJI HUIBIAN

主　　编：上海交通大学党委教师工作部
出版发行：上海交通大学出版社　　　　　　地　　址：上海市番禺路 951 号
邮政编码：200030　　　　　　　　　　　　电　　话：021－64071208
印　　制：上海万卷印刷股份有限公司　　　经　　销：全国新华书店
开　　本：710 mm×1000 mm　1/16　　　　　印　　张：9.25
字　　数：142 千字　　　　　　　　　　　插　　页：2
版　　次：2022 年 7 月第 1 版　　　　　　　印　　次：2022 年 7 月第 1 次印刷
书　　号：ISBN 978－7－313－26985－0
定　　价：68.00 元

上海交通大学2021年"教书育人奖"一等奖颁奖现场

目 录 Contents

"教书育人奖"个人奖

"教书育人奖"团队奖

"教书育人奖"个人奖

一等奖

刘锦阳：辛勤耕耘，创一流课程；立德树人，迎四方学子

【名师名片】

刘锦阳，民盟盟员，博士研究生，船舶海洋与建筑工程学院教授。获得中国力学学会全国徐芝纶力学优秀教师奖、全国周培源大学生力学竞赛指导教师奖、上海交通大学"凯原十佳"教师、上海交通大学优秀教师奖、上海交通大学"三八"红旗手称号等多项荣誉。

【名师名言】

■ 锻造一流课程，树立学生志向，是我孜孜不倦的追求。而学生的进步和对我的肯定，是我最欣慰的事。

■ 不以功利而耕耘，不因平凡而松懈。

当清晨的第一缕阳光洒向交大校园,西区教室里总会出现一个熟悉的身影——她就是船舶海洋与建筑工程学院工程力学系教授刘锦阳。她背着双肩包,拎着手提电脑,捧着一打教学资料,一如既往地提前半小时进入了教室,仔细检查教室里的电子设备。数十年如一日。

自 1990 年始,刘锦阳已经任教三十余年。她热爱教育事业,立足三尺讲台,长期耕耘在教学一线:担任本科生、研究生课程的教学工作,年均教学工作量达到 240 学时以上,30 年累计授课的学生人数超过 6 000 人。她不忘教书育人的初心,牢记立德树人的使命,勤勤恳恳,兢兢业业,将价值引领融入知识探究、能力建设的各个教书育人环节。她以严谨的治学态度引领学生,激发学生的爱国情怀,向国家重点单位输送专业人才。

加强课程建设,打造一流课程

“理论力学”是全校工科学生的一门必修的公共基础课程。该课程量大面广,年均学生人数达到 1 700 多人,教学人时数达到 108 800 课时。近几年来,为了加强创新性人才的培养,教学团队为“致远工科”和“力学强基计划”的学生开设“理论力学(荣誉)”课程。

作为国家级精品课程和国家精品资源共享课“理论力学”的课程负责人,刘锦阳注重师资队伍建设,对新进的每一个青年教师,都亲自进行“一对一”的授课指导,传授授课经验,培养了一支 20 余人的高素质的教学师资团队,得到学生们的一致好评。为了扩大课程的影响力和受益面,刘锦阳和“理论力学”教学团队的老师们一起开展国家精品资源共享课建设,学生可以充分利用自主开发的专业网站和国家精品资源共享课的线上资源,包括课程视频、课件、虚拟实验等,进行多途径、立体化的学习,学生在线学习人数接近 50 000 人。刘锦阳老师还亲自在“中国大学 MOOC”和“好大学在线”平台上进行授课。在课程团队老师们的努力下,“理论力学”教学团队荣获 2017 年首届“上海交通大学教书育人奖一等奖(集体)”和 2019 年“上海交通大学教学成果奖二等奖”。刘锦阳老师作为课程负责人,将国家级精品课程“理论力学”打造为 2020 年“首批国家级线下一流课程"。

"复杂系统动力学计算机辅助设计"是一门工程力学系本科全英文专业课程,刘锦阳作为课程负责人,提出了"建模理论、计算方法和计算机辅助设计为一体"的教学模式,将上机实践融入理论教学,培养学生创新实践能力,出版的"十一五"国家级规划教材《机械系统计算动力学与建模》被教育部评为精品教材。该课程 2013 年获评上海市重点课程,2020 年获评"上海交通大学一流课程"。学生们说,"刘老师上课生动有趣,在了解工程应用后,再学习力学理论知识,学以致用,事半功倍。"

坚持严谨治学,培养创新人才

科研是教学的"源头活水"。为了将最新的学术成果不断充实到自己的课堂中,刘锦阳在繁重的教学工作之余,始终致力于前沿科学研究。她长期从事多体系统动力学和航天器动力学研究,负责多项国家自然科学基金项目和军口 863 项目,以及航天八院和核工院项目,担任国际知名期刊 *Multibody System Dynamics* 的编委和国内 EI 期刊《振动与冲击》的编委。刘锦阳不忘初心,潜心科研,发表 SCI 论文 40 余篇。在她的指导下,课题组的研究生们在大变形刚—柔耦合动力学建模理论研究工作中取得了创新性的成果。刘锦阳还引导学生将理论研究成果应用到国家重大发展战略和国防科技工程中:以航天为背景,自主开发了能处理包括大尺度薄膜光学望远镜在轨展开、新型导弹发射、月球车着陆和小行星采样等复杂工程问题的仿真软件系统,为复杂航天器系统结构总体与控制总体的预研项目和型号关键问题服务;自主研发了核电机组控制棒驱动机构冲击载荷分析的仿真软件,为开发具有我国自主知识产权的压水堆核电机组作出了贡献。

刘锦阳始终以培养学生创新能力为己任,以严谨治学和高度负责的态度悉心指导每一位学生。她常说:"指导学生就是循序渐进的过程。"每位学生的第一篇论文都可享有至高无上的待遇——刘老师逐字逐句的修改,线上学术讨论到深夜也是"家常便饭"。她指导学生采用创新思维解决重点工程问题,课题组研究内容均为国际前沿。她用实际行动说明了并非严师,也能出高徒。她指导的博士生在动力学领域国际权威期刊 *Nonlinear Dynamics* 和 *Multibody System Dynamics* 上多次发表论文,得到行业专家高度评价。她指导的博士生袁婷婷荣获 2018 多体动力学国际会议唯一的最佳学生论文奖(Best Student Paper Award)(1/110),在大变形、大尺度的折纸机构动力学研究中取得了新的突破,深受同行热切关注。刘锦阳指导的学生多次获评国家奖学金、上海交通大学优异学士学位论文(Top 1%)、优博培育基金等荣誉。

刘锦阳言传身教,用自己对力学学科的行业情怀,感染和鼓励学生对基础学科研究增强自信,引领学生以国家需求为研究方向,服务于国家重大工程,投身祖国最需要的地方。她引导学生树立学术志向,前往高校和国家重点科研院所继续投身于科研事业,培养了哈尔滨工业大学长聘教轨副教授、上海核工程研究设计院高级工程师、中国工程物理研究院助理研究员等优秀学生。

以学生为中心,教学实践育人

润物无声,循循善诱。刘锦阳几十年如一日,以学生为中心,将教书育人放在第一位,将最新的科研成果融入课堂,激发学生专业志趣。

施教之功,贵在引导。刘锦阳老师形象生动、深入浅出、条理清晰的课堂风格深入人心。她在课堂上采用了"抛砖引玉"的启发式教学方法,并采用思维引导,活跃了课堂气氛,激发了学生的学习兴趣。她在理论力学"动量矩定理"的课堂教学中加入"现场演示",取得了很好的教学效果。刘锦阳在 2019 年当选上海交通大学第九届"凯原十佳"教师。"船建学院的刘锦阳老师把自己的科研成果融入理论力学这门课的教学中来,体现了大学老师区别于高中学习的特点,即引导学生自主探索和学习。通过专业教育打磨年轻人的浮躁,值得我们学习和借鉴",这是 2018 年国家教育部教学评估中郑晓静院士对刘锦阳教学水平的高度称赞。

坚守三尺讲台,倾心无私奉献

傲立风霜三十载,春华秋实绩芬芳。刘锦阳用自己的青春培育出一代又一代交大学子,她把一生最美的时光写在了交大卷轴上。

刘锦阳担任动力学与控制学科负责人和一般力学教研室主任等多项职务,淡泊名利,为团队服务,平均每年都要承担 240 学时的教学工作,是教授教学工作量的 4 倍。此外,她还承担了多项纵向和横向科研项目,保持年终考核优秀。她秉持自己的教学理念,认为学生的事就是头等大事,无论是近在咫尺的本科生和研究生,还是远在海外的留学生,她把自己宝贵的休息时间用于为学生课后辅导,保持邮件、QQ 或微信在线答疑。在疫情期间,海外留学生无法返校考试,她特地安排了线上模拟考试,帮助留学生们自信从容地迎考;当留学生因为网络问题无法考试时,她耐心地为他们联系重考。刘锦阳对教学高度负责的态度和无私奉献精神也得到了学生和家长们的好评。

"锻造一流课程,树立学生志向,是我孜孜不倦的追求。而学生的进步和对我的肯定,是我最欣慰的事。"这是刘锦阳从教三十多年来对师德的深切感悟。不以功利而耕耘,不因平凡而松懈,她时刻以饱满的热情面对学生,全心投入教育事业。

李铸国：造可用之材，铸国之栋梁

【名师名片】

李铸国，上海交通大学 2021 年"教书育人奖"一等奖获得者，材料科学与工程学院特聘教授，现任材料科学与工程学院副院长、上海市激光制造与材料改性重点实验室主任，激光制造国际科技合作基地学术带头人，先进焊接与连接国家重点实验室、高能束流加工技术国防科技重点实验室学术委员，中国机械工程学会焊接分会（青委会主任）、材料分会（常务理事）、表面工程分会、中国光学学会激光加工专委会学会理事。以第一完成人身份获得上海市科技进步奖一等奖、中国机械工业科学技术奖一等奖等荣誉。

【名师名言】

■ 教书育人是一种责任，要用心上好一门课，要言传身教引导一批人。

■ 材料是国家科技自立自强短板中的短板，希望学生们探索材料科技前沿，勇攀材料科技高峰。

■ 肩负起"材料人"的使命担当，把科学研究方向与国家重大需求紧密结合，以知识为船，以志趣为帆，扬帆远航，报效祖国。

李铸国是上海交通大学材料科学与工程学院特聘教授,现任材料科学与工程学院副院长、上海市激光制造与材料改性重点实验室主任。他曾以第一完成人的身份获得上海市科技进步奖一等奖、中国机械工业科学技术奖一等奖等荣誉。在众多身份和荣誉的背后,李铸国更看重自己的教师身份。他认为,选择了教书育人这条道路,就要把这份责任担到底。在他眼中,每个学生都是一块"可塑之材",如何让每一个学生在交大找到自己的学术志趣走上科研道路,是他心中永无止境的课题。

老课新讲,从"教学"到"育人"的迭代

1990 年,李铸国进入上海交通大学材料工程系读本科,直至今日,在交大这块热土上,他已经学习工作了 31 年。其间,他见证了材料学院因改革而兴、因人才而盛的发展历程。从早年徐汇校区仅有的几个教室、实验室,到如今越来越多的学科楼和十四个研究所,材料学科力量愈发壮大,科研水平日益提高,这对教学的要求也越来越高。

"材料科学基础"(以下简称"材基")是交大材料学院本科生专业核心课程,由徐祖耀先生在 20 世纪 60 年代一手开办并撰写了教材,内容扎实、历史悠久。80 年代,在胡赓祥、蔡珣、戎咏华教授的传承下,"材基"逐渐成为材料学院的王牌课程。2009 年,蔡老师、戎老师退休,"材基"突然面临着接班人缺失的问题。这门课程名气大,又是重要的专业课程,对于授课老师来说是一块难啃的硬骨头。当时回国刚一年的李铸国虽感到这项工作的不易,却背负起责任,硬着头皮接下了这门课程,担任了"材基"的课程主讲教师。把课程从头到尾反复吃透弄懂只是第一步,为了能把课教好,他做了大量的学前调查,并针对创新型人才的培养要求,对这门历史悠久的王牌课程进行了符合时代需求的改革与焕新。

李铸国在授课过程中也发现了一些现实问题。第一个问题是关于课堂体量。"材基"无疑是门优秀的专业课程,但其深奥的内容,让它与"高等数学""大学物理"并驾齐驱,成为本科新生眼中的"魔鬼课程"。和数学与物理逻辑上的难不同,"材基"对于大一新生来说是全新的概念领域,知识点与知识点之间的

逻辑性不强,学生需要掌握新的学习方法。李铸国刚接手课程时,课堂上有一百五六十名学生,很难掌握每位同学的学习情况。班上的成绩两极分化,掌握了学习方法的学生考试接近满分,而始终没能入门的学生则只有十几分。针对这样的情况,李铸国决心要改变教学模式,将大班拆成小班,根据学生的进度,个性化地调整课堂内容,保证让学生听得进,听得懂。"我只要一看眼神,就能知道这个学生有没有听课,有没有走神",李铸国说。

下定小班教学的决心后,他最需要的是一支教学团队。在大班时期,戎老师、蔡老师大部分时间都是一个人教一个班,改成小班教学后,学生被分成了三个小班与一个国际化班,两个老师带一个小班,一个班学生不超过五十人。刚开始,任课老师们的教学基础参差不齐,李铸国便带领着教学团队一遍遍地培训、交流、研讨:哪些知识点是材料学生所必需的?复杂的知识点要怎么讲才能让学生觉得有趣?用什么样的逻辑串联起课程能让学生更快掌握方法?最终,他组建起了专业知识扎实、饱含育人热情的十人教学团队,为小班教学的改革提供了师资保障。

李铸国想解决的第二个问题,有关学生的专业志趣。他发现,很多学生由于缺乏对学科的兴趣,会选择转专业或不再从事材料相关行业,他相信,有热爱、有端正的思想态度,才能践行自己的教师使命,才能潜移默化地对学生产生深远影响。于是,课程思政成为李铸国课程建设的另一大核心,"不但要让学生学好材料,更要激发学生对材料的志趣"。他相信,老师的言传身教是课程思政的基础,老师对材料学科的影响起着非常重要的引导作用。比起西方,材料科学在中国的发展起步较晚,教材里大多引用的都是西方科学家的事迹。为了激发学生对材料学科与中国科研工作者的自豪感,李铸国与团队一起,紧跟时事、挖掘史实,讲授课程时,在合适的章节加入中国材料科学家的贡献、校友事迹以及学院历史,立志在课程中潜移默化地把老一辈科学家精神传递给学生。

李铸国对待课程的责任心,不但解决了"材基"无人授课的危机,更是让这门经典老课焕发新生。他对"材基"的创新,可以总结为从"教学"向"育人"的迭代。他相信授之以鱼不如授之以渔,教学不应止步于知识的传授,更要有意识地培养学生的科学素养,使他们掌握科研方法:发现问题、分析问题、解决问题。

在李铸国的努力下,课程建设成果丰硕:教改成果"以激发志趣、夯实基础为核心的'材料科学基础'多元化教学探索与实践"荣获 2020 年上海交通大学教学成果奖特等奖;他主持编译的 *Materials Science*(《材料科学》)全英文教材在海外发行;打造的在线慕课吸引了 2.2 万余学生参加;在《高等工程教育研究》杂志上发表《聚焦价值引领的材料科学基础课程思政策略探索与实践》教学论文。直至今日,李铸国和他的教学团队还在育人的道路上不断探索。

用心育人,用言传身教引导一批学生

李铸国的心中有一个遗憾。1997 年留校工作后,他曾担任一个班的班主任。2001 年 3 月份,他获得了出国深造的机会,因此没能把当时的班级带完。亲手带一个班,送学生们毕业,成为他一个一直留在心底的心愿。

为了弥补没带完一届学生的遗憾,也为了加强学生对材料学科的志趣,18 年后,李铸国担任 F1805104 班的班主任。作为班主任,李铸国得以全方位地与学生接触,从辅导学业到指导科研,从就业规划到疫情防控,全都亲力亲为。他重视志趣培养,经常以主题班会、企业参观、学术报告等形式,为同学们讲解材料学院近年来取得的一系列高精尖研究成果,向同学们展示祖国材料科学的发展现状与前景,激发同学们的专业兴趣,厚植科研报国的情怀。他尊重每一个学生的想法,总是耐心地倾听同学的心声,在笔记本上记下一点一滴,更是常以交大老学长的身份,与同学们分享他的求学感悟与人生经验,鼓励大家重视学习基础学科,树立读硕、读博的志向。

李铸国总是和班上的学生们强调:"在大学,要以学业为主。只有把学业搞好了,拓展其他活动才是锦上添花。"话虽如此,在班级需要的时候,李铸国的身影总是按时出现在活动现场。"春之声"校歌传唱大赛时,他与同学们一起拍摄加油视频,为班级加油鼓气;团日活动、团改金大会时,他亲自指导活动策划……F1805104 班的班长说,"三十余次班级活动,班主任李老师一次都没有缺席,而且他很注重是否每一个同学都参与到活动中,总是在努力让每一位同学都能融入四班的大家庭。"

李铸国班上的学生们也不负期望,学业课余两开花。F1805104班的人均学积分(83.9)、人均绩点(3.45),均位列这一届六个班级第一名,涌现出一批优秀典型:张浩、刘峻嘉、王晗、吴柘汉、崔国祥、冯恒阳、方浩澜、黄向鸿等多位同学获得数学、物理、建模等竞赛奖励;鲁润泽、刘峻嘉、王晗、彭宏宇、尚靖延等同学荣获上海交通大学三好学生。班级凝聚力强,集体荣誉捷报频传,团日活动获学校二等奖两次,团改金活动获学校一等奖和二等奖各一次,班团集体建设活动获学校一等奖和二等奖各一次等。桃李不言,下自成蹊,李铸国在班主任工作中言传身教,深受学生爱戴,他也获得2019年度上海交通大学"十佳班主任"称号。

铸材育才,践行材料人的使命担当

支撑着李铸国身兼数职的,是他身为材料人服务国家重大需求的信念与使命感。他用实际行动践行了"将论文写在祖国大地上"的精神,持续不断地将科学技术转化为现实生产力;他在激光制造领域深耕二十余年,研究成果为新一代核电、航空航天、海洋工程、钢铁等领域高端装备的研制作出了突出贡献,以第一完成人的身份获省部级科技一等奖2项。

李铸国身为材料人的使命感并不局限于自己的科研道路,更是延展到他对学生的殷殷期待里:要在学生心中播种下家国情怀的种子,要为国家培养出一批拥有"真材实料"的材料青年。他鼓励研究生参与一线科研项目、课题,从现场调研、问题论证、研究方案到项目结题的关键环节,采取全程跟踪的科研实践模式,力求学生对实际客观问题有全面的了解。他注重加强导学关系培育、朋辈关系培育,通过组会研讨、现场指导,培育学生脚踏实地、艰苦奋斗、团结协作的优秀科研品质,关注激发学生对祖国和人民的忠诚信仰、社会责任意识和服务奉献精神。他经常告诫学生,要理解科研背后富国强民的意义,深思自己的目标,把个人命运与国家发展紧密相连。在李铸国的培养下,他的学生参与攻克三代核电、空间站、大型风电、盾构机等关键构件的激光精密焊接与熔覆技术;发表中科院二区以上论文160+篇、中国科学引文数据库论文30+篇;申请国家发明专利五十余项,研究成果支撑获得省部级一等奖 4 项、二等奖 2 项。培养博士 12 人、硕士 26 人,6 人获得国家奖学金资助,1 人获得上海市优秀博士学位论文;博士毕业生在江南长兴造船厂、上海航天 800 所、上海第一机床厂等重点企业、高校担任要职;6 位博士生获得国家自然科学基金青年基金的资助,1 人获评上海市青年人才项目,1 人获得上海市扬帆计划项目,1 人获评江苏省青年人才项目。

曹心德：心系大地，德满乾坤

【名师名片】

曹心德，上海交通大学 2021 年"教书育人奖"一等奖获得者，上海交通大学环境科学与工程学院常务副院长，特聘教授、博士生导师，土壤与地下水污染修复技术研究所所长。上海市"浦江人才"计划获得者，中国高被引学者，全球高被引用科学家。主讲"土壤污染控制与修复工程""环境学导论""环境化学原理""高等环境化学"课程。曾获 2018 年上海市教学成果奖二等奖（排名第一）、2016 年上海交通大学教学成果奖特等奖（排名第一）等荣誉。

【名师名言】

■ 我们的土壤环境研究领域可能做不出惊天动地的大科学，但我们的研究必须引领学科发展。

■ 无论是学生还是青年教师，在羽翼未丰之时，需潜心耕耘，厚积而薄发，不要浮躁，要耐得住寂寞，把自己做好做强。

■ 环境学院学生培养体系需要与时俱进，与国家需求对接，体现环境学科的特色。

师者,是莘莘学子青涩年华里最美的引路人;师者,无论何时何地都秉持科教兴国的理想。他们几十年如一日,在一方讲台谱写教书育人的华章。上海交通大学环境科学与工程学院的曹心德老师便是最生动的写照。

"求木之长者,必固其根本;欲流之远者,必浚其泉源"

曹心德坚信,无论是学生还是青年教师,在根基不稳、羽翼未丰之时,需潜心耕耘,积蓄能量,以致厚积薄发。曹老师本人的发展历程,也正诠释了这一信念。他在美国近十年的科研工作中,以第一或通讯作者的身份发表了 40 多篇优秀 SCI 收录论文,积累了深厚的学术功底。这正是曹心德回国后能够挥洒自如地指导学生和青年教师,并使他们迅速掌握科研核心理念,逐步构建清晰逻辑思维的原因。受教于曹心德的学生和青年教师,都深知"世上根本无捷径",所有的成果和进步都需积水成渊,积微成著。

曹心德于 2008 年底回国就职于上海交通大学环境学院,在这之前,环境学院几乎没有土壤方向的课程。为了建设该方向相关课程,他本人鲜有休息和闲暇时光,一直孜孜以求,步步攻坚:负责建设本科生专业基础必修课程"土壤污染控制及修复工程"、专业选修课程"环境土壤学"及研究生专业选修课程"土壤与地下水污染修复技术",同时负责本科生专业基础必修课程"环境学导论""专业导论(生环平台)"以及研究生致远荣誉课程"高等环境化学"的教学。"环境学导论"是学校优质课程,"专业导论(生环平台)"是环境专业本科入门课程,这两门课程对奠定学生环境专业思想以及"生命与环境平台"大类招生的学生分流起着举足轻重的作用。为了激发学生兴趣并树立本科生专业思想,曹心德在课堂教学的同时,亲自带领学生到上海苏州河梦清园环保主题公园、上海老港固废资源化中心等重要基地观摩苏州河治理工程、固体废物智慧处置工程。此外,他积极推行教学改革,主持完成了上海交通大学教育教学改革项目 2 项,并在核心期刊上发表教学论文 1 篇,受邀在第十届、十二届全国高校环境类课程教学会议作主题报告。曹心德还注重团队课程建设及教学水平提升,常常与团队成员一起研讨课程,基于"环境土壤学"课程,团队一位青年教师获得了 2017 年上海交通大学青年教师教学竞赛二等奖(工学组排名第二)。

　　在2014—2019年担任环境学院主管教学副院长期间,曹心德倾尽心力打造更好的教学平台。他全面负责环境学院本科生和研究生培养计划的制定,及日常教学任务的组织、实施和管理工作。源于对工作质量的超高要求,很多方案、文件、报告等都是他亲自带着大家一遍遍打磨、推敲、讨论。熟悉他的人都戏称"曹老师刚回国的时候看上去非常年轻,满头黑发,如今几年的时间却已银丝根根"。在这样的工作强度下,曹心德也取得了许多亮眼的成绩,主持完成了两轮本科生和研究生培养计划修订,特别是构建了本科生按学院五大研究方向模块化培养体系,夯实环境科学基础、强化环境工程应用,以更好地满足环境科学与工程一级学科培养的要求,收到诸多高校的好评与借鉴;组织申请并获得国家改善基础教学条件项目2项(共1 000多万),用于实验室的改建和仪器设备的更新维护;参与生命与环境平台、自然科学实验班前期的筹建和后期平台运行管理工作;参与国家大学生双创计划(Eco-Tech)的组织和实施工作;牵头组织学院每年举办一次"研究生学术论坛""卓越工程师论坛",让学生充分展示自己的科研成果,促进学科"政-产-学-研-用"协同发展。

"地者,万物之本源,诸生之根菀也"

　　近年来,土壤环境污染事件频发,严重威胁到耕地与农产品质量安全,还直接损害了人类健康,对经济与社会可持续发展产生重大影响。曹心德心系土壤安全,潜心研发污染修复技术,凭借自主研发的土壤与地下水一体化修复技术,通过原位化学稳定化、抽提转化及超累积植物吸收三组技术,望闻问切,为土壤"治病",宛若一位德艺双馨的"大地医生"。在曹心德带领下,"大地医生"团队硕果累累:揭示了典型污染土壤中重金属铅、砷等在人体消化系统中的形态转化与生物有效性相互影响机制;探明了重金属铅、铜、砷等在土壤、矿物、功能材料/水等环境多界面上化学转化机制;创制了碳基、磷基、硫基等多种环境功能修复材料并应用于土壤、废水、废气中污染控制与修复;自主研发了重金属污染土壤原位诱导离子沉淀稳定化修复、污染土壤与地下水一体化生态修复等新技术,并成功地应用于 10 多项污染场地土壤修复工程。

曹心德注重从实际环境问题出发,从工程中挖掘科学问题,常常告诫青年老师和学生:"我们的土壤环境研究领域可能做不出惊天动地的大科学,但我们的研究必须能开辟新方向、引领学科发展。"经过多年潜心研究,曹心德在土壤重金属稳定化界面过程、土壤生物炭固碳协同污染控制等方面取得了系列创新成果,在环境领域顶级及权威期刊上发表 SCI 收录论文 130 余篇,引用率因子 h=65,其中 15 篇论文入选 ESI 高被引论文集。曹心德自 2014 年起连续七年入选中国高被引学者,2018 年起连续三年入选全球高被引科学家。

曹心德强调团队协作,对课题组文化氛围极为看重,大家精诚团结,每位成员都能感受到如沐春风的家庭温暖。团队老师勠力同心、和衷共济,团队同学互敬互爱、互帮互助,有问题都要敞开心扉地商议,而曹心德本人更是言传身教,以身作则。这种精神层面的"宝贵财产"实则是一种软实力,对于团队众志成城共创佳绩具有巨大推动作用。比如团队近几年申报获批的各类国家级项目,就是团队并肩作战的累累硕果。在项目书的撰写过程中,曹心德的精益求精和字斟句酌,成为青年教师和学生们受用终身的宝贵财富。如一名青年教师在项目申请书中有"本项目创造性提出"这样的措辞,而曹心德认为改成"本项目创新性提出"更为贴切,尽管当时项目申请书已提交至学校,但曹心德仍坚持要求退回修改。曹心德的运筹帷幄和排兵布阵帮助青年教师得到快速发展。在 2018 年国家重点研发计划土壤专项中,曹心德作为技术核心,精心指导团队成功获批项目 1 项(1 200 多万)。2018 年以来团队共获得重点研发计划项目 1 项、课题 4 个及子课题 5 个。

"令公桃李满天下,何用堂前更种花"

曹心德注重团队年轻人成长,常以自己的人生阅历鼓励他们"不要浮躁,要耐得住寂寞,把自己做好做强",引导年轻人安心研究、热心研究、精心研究。为了学科长远发展,曹心德惜才育才,大力扶持鼓励青年科研才俊。短短十二年时间,他从无到有,建立了环境学院唯一一支致力于土壤环境的教学和科研团队,熟悉曹心德的老师和同学都深深感慨：曹老师人如其名，用心做事，以德服人！三年来，团队1名副教授荣获国家自然科学基金优秀青年基金，1名副研究员晋升研究员，1名博士后出站直接以副研究员身份加盟团队。

　　对于曹心德而言，最幸福的事莫过于桃李天下、十步芳草了。十余年间共培养博士后3名，硕士、博士研究生20多名。1名研究生获评上海市优秀毕业生、4名研究生获评学校优秀毕业生。所有已毕业的博士生都进入高校和科研院所继续从事科研教学工作，且第一年都申请获批国家自然科学基金资助，多位获得省市人才奖励。培养的本科生中有上海市优秀毕业生2人、上海交通大学优秀毕业生5人，1人获得全国高校环境类优秀本科毕业论文，2人获得学校1%优异学士毕业论文，2人被美国斯坦福大学录取为硕士研究生，2人被美国佐治亚理工学院录取为博士研究生。另外，曹心德关心整个学院学生的成长与发展，平均每年为学院本科生和研究生出国求学深造写推荐信5～7封，为学院近1/3的学生出国留学作出了重要贡献。

叶曦：三尺讲台育桃李，深耕不辍守初心

【名师名片】

　　叶曦，上海交通大学 2021 年"教书育人奖"一等奖获得者。上海交通大学物理与天文学院教授，学校教学督导。2000 年入职上海交通大学，21 年来始终扎根本科教学一线，从事基础物理实验教学，其指导的学生多次在全国性赛事中取得优异成绩。2008 年筹建上海交通大学理科特班，2010 年担任致远学院副院长，曾获国家级教学成果一等奖（排名第四），上海市教学成果一等奖（排名第二），上海市教学成果二等奖（排名第一），上海交通大学首届"教书育人奖"集体二等奖（排名第三），教育部"拔尖计划"优秀管理奖，上海市"育才奖"，以及唐立新教学名师奖、优秀教师特等奖等。

【名师名言】

- 传授知识是教师的本分，答疑解惑是教师的乐趣。
- 做一名静心教书、倾心育人、潜心教改、耐心守望的好老师。
- 教师如何"授人以渔"？我的做法是，培育学生把学问一词倒着读的习惯——"问学"。同时有"人"能给出答案，就有了学的方向；没"人"能给出答案，就有了做的方向。当能再倒过来用时，就有了做学问的能力。
- 登高望远，创建国际一流学术环境，为助力学生求"一等"学问、创"一等"事业、成"一等"人才铺路搭桥。

"以真知言传，用笃行身教"，秉持这一信念，他为同学们传道授业解惑；仰赖这份坚持，他几十年如一日地坚守三尺讲台，成为历届学生交口称赞的好老师；牢记这份承诺，他潜心关爱学生成长，躬行"学在交大，育人神圣"的理念；恪守这份责任，他全情投身教学改革，见证了交大拔尖创新人才培养的逐梦之旅。他就是上海交通大学 2021 年"教书育人奖"一等奖获得者——物理与天文学院叶曦教授。

如切如磋，如琢如磨

同学们都这样评价：叶曦老师是个幽默的老师。在物理这个原理晦涩、实验繁复的科学世界里，叶曦的课堂上总是充满着平凡的乐趣。原本晦涩难懂的知识像清泉般流淌出来，大家在轻松的氛围中感受着自然科学的魅力。要做到这些可不容易，除了要将零散的知识串联起来，还要深入浅出地转换成幽默的比喻；对知识的剖析不仅要精准到位，更需旁征博引，保证教学内容丰富的体量。这一切需要教师本身有广阔的知识储备和强大的思维能力，更需要教师极为精心的案头工作。叶曦从未对任何人提起自己的"台下功夫"，但台上的教学他总能自然流畅，举重若轻。

叶曦对实验课程的设计别具匠心。他努力在教学经验的积累中不断融入自己的思考，有意识地尝试新的、更加完备的教学模式，从 2017 年起，他就将全国大学生物理学术竞赛内容引入新生实验课堂，以此来激发学生探索未知世界的兴趣。他认为，实验教学这个场所的主人永远应该是学生，学习不仅是输入，更是一种创造性的输出，因此他提倡学生做实验课的主人，鼓励学生在实验操作中融入自己的思路和想法，对感兴趣的点自行搭建物理实验项目，通过动手、动脑、动心的方式提高学生发现问题解决问题的能力。

在讲授"物理实验导论"这门充满启示意义的课程时，叶曦还将自己的人生智慧融入其中。他提出一些"傻傻"的问题，比如弹簧为什么会做成一圈一圈的形状？以此让同学们进行思考。他也和同学们分享自己在做物理研究、搭建实验项目、观察物理现象的经历，强调物理实验所需的严谨与踏实，让同学们了解许多震惊世界的发现正是来源于实验中的精益求精,他希望学生们能付诸"扩一扩""跳一跳"的努力,垫着脚尖够到自我认知的极限。

长期一线教学的经验终究会变成丰硕的知识宝库,叶曦通过编写讲义和整合实验项目,构建了一套独一无二的实验课程体系。他以物理学中的"能量"和"相位"为抓手,设计了系列实验项目,每组实验项目涵盖多个知识点,并引入学术竞赛内容构建可伸缩扩展的实验项目群,编写《物理实验导论》以及涉及近现代物理学内容《物理实验3》的课程讲义,形成了完整的物理学科实验课程体系。

先为良师,再作益友

之所以能获得学生的一致好评,叶曦与同学们有着自己的"交道"之法。他不仅在课堂上为同学们认真地授业解惑,还不辞辛苦地亲自指导学生们参加各类学科竞赛。

无论工作多忙,叶曦都会准时参加大一新生的物理学术竞赛报告会。有时候同学们轮流作报告,长达八九个小时,但他总是聚精会神地听着,时不时地与报告同学交流互动,提出一些很有见地的想法,耐心地解答同学们的困惑,辅导学生搭建实验平台,启发他们探索未知世界的好奇心。多名同学在他的精心辅导下,大一时就在有高年级选手参加的全国比赛中获得一等奖,为他们早日迈向科学研究的殿堂打下了坚实的基础。

学生们进入大四阶段本就任务繁重,容易焦头烂额,叶曦总是力所能及地调节同学们的烦躁情绪,劝解同学们冷静应对,并且多年如一日地按时参与每周三的毕业论文汇报会,亲自对每位同学的毕业论文进行把关和指导,提升了毕业论文的整体质量。致远学院的毕业生获评上海交通大学优异毕业论文约占全校优异论文的20%,一举夺魁。

除了关心学生的学业,在同学们的生活、成长、发展中,叶曦也是个贴心的"大朋友"。入学面试时,他总是那个"唱白脸"的老师,爱和学生以开玩笑的方式开场,来缓解紧张氛围。日常学习中,他喜欢与同学们一起午餐聊天,和同学们"打成一片",询问学生们的学习和生活状态,关心学生最新的思想动态和生活难题,希望以此真正地去了解同学们的真实诉求。每回期末考试后,总有一些同学成绩不太理想,叶曦就会找上他们,一对一地谈话,耐心地分析问题,找出影响成绩的根本原因,给出建设性建议。

叶曦不仅是良师,也是益友,他不仅付出了精心的教学,更付出了无言的陪伴。相知无远近,为友不问龄,在良师益友的引领和浸润下,一代青年学子蓬勃地成长起来。

层台累榭,千里之行

从 2008 年学校筹划组建理科班开始,13 年间,叶曦用他始终不变的执着与热爱,见证了交大拔尖创新人才培养的逐梦之旅。作为致远学院首任教学院长,他精心组织设计了培养方案、创新了教学方法,为我校基础学科拔尖人才培养做出大量开创性的工作。

叶曦全情投入,从零开始,组织各学科方向拔尖创新人才的培养方案设计,为了方案的合理可行,他不断和各项目主任、任课教师们进行深入的探讨与斟酌,一遍遍地对方案进行修改与完善。在大家的共同努力下,形成了"主/副修模式;有效整合课程;注重数理基础;加强导论课程;注重小班研讨;落实导师制,实施个性化培养;注重技术应用和教材建设;注重养成教育,鼓励多方位发展"的拔尖人才培养方案,并在实践中不断优化提升,为学校、国家培养拔尖创新人才积累了宝贵的经验。

因此,上海交通大学基础学科拔尖学生培养计划,在精心的设计和成功的实践下成果荣获了 2013 年上海市教学成果奖一等奖、2014 年国家级教学成果奖一等奖、2015 年全国教育改革创新典型案例最高奖,及 2016 年由宾夕法尼亚大学沃顿商学院与国际教育评级组织(QS)联合主办的第三届全球教育创新大会(Reimagine Education 2016)的 Cultivating Curiosity Award(培养好奇心奖)和学科类别的 Natural Sciences Award(自然科学学科奖)奖项。

在营造国际一流学术氛围的过程中,叶曦深深体会到语言交流不畅对学生眼界的影响,他积极倡导并提出以致远学院学生为试点对象,以外国语学院为主导,培养提高学生英语能力和综合素质为主旨的英语教学改革。为此,他多次会同外国语学院就本科拔尖学生英语教学改革进行座谈,通过增加第二课堂建设投入、邀请外教参与等方式,营造了更自然、更有效的英语学习环境,改革成果之一的"综合英语"课程被纳入 2013 年度上海市教委本科重点立项课程,其中的重点模块就是以致远学院学生为实验对象开展的。

叶曦还积极寻找恰接教学教育资源。为保证授课教师的质量,形成教学相长和教学科研互长的氛围,他不辞辛苦,奔波于各个学院,寻求最优质的师资。为营造国际一流学术氛围与学科交叉环境,让学生们"转身遇到大师",他创建了致远学术沙龙。叶曦深知家国情怀对于拔尖人才的重要性,因此他协助学院党总支,推动思政课程建设,让社会主义核心价值真正入耳入脑入心。

经过数年的努力,致远学子在国际舞台上崭露头角,在 *Nature*、*Cell*、*Physical Review Letters* 等发表 290 多篇高水平论文,91% 的毕业生继续深造,56% 直接攻读博士学位,他们正活跃于海内外名校的殿堂中,其中 26 位毕业生已获上海交通大学、清华大学、北京大学、哥伦比亚大学、芝加哥大学等一流大学教职。

作为常年耕耘在教学、育人第一线的教师,更作为筚路蓝缕的开路人,叶曦不计得失,甘于奉献,始终坚守着"育人不辍"的初心。

陈火英：潜心教学育希望，匠心育人筑理想

【名师名片】

陈火英，上海交通大学 2021 年"教书育人奖"一等奖获得者。上海交通大学农业与生物学院二级教授、博士生导师，国务院特殊津贴专家。主讲国家一流线上课程"遗传学与社会"、上海市一流线下课程"植物育种学"及新生研讨课"基因追踪"。曾获省部级科技进步一等奖、二等奖 5 项，省部级及上海交通大学教学成果特等奖、一等奖 6 项。曾获宝钢优秀教师、上海市"三八"红旗手、上海市"优秀教育工作者"、上海市"曙光学者"等荣誉称号。

【名师名言】

■ 好的教师应尊重每一位学生，用和善的心对待每一个人。心中总是宁静如水，却让别人惬意和敬慕。

■ 好的教师应树立"学生主体"地位，激发学生的学习兴趣，点燃学生的学习激情，并以此作为教师教学活动的首要任务。

■ 好的教师应引领学生自主学习，学会思考。在批判中继承是信息扁平化时代教学活动的重要议题。

陈火英从教 37 年，一直秉持"教书育人"的初心，志在以自身的言行来引导、培养学生。她以耐心和细心因材育人，桃李满天下。在学生眼中，她不仅是博学风趣、平易近人的良师益友，更是人生路上的指路人。

不忘初心，厚于德

陈火英始终认为老师不能高高在上，唯我师尊。要想当教师、当好教师，就要明确"教育是以自我为对象的，是'自求'的，不是'受'和'施'的"。教师只有一个责任，就是在学生"自求"过程中加以辅助，而不是喧宾夺主。只有这样，教育才能真正进入"自我"状态，学生才能通过"自求"至"自得"进而成为"自由的人"，也就是具"至善"境界的完整人。

在对学生的背景进行摸底时，听到个别学生说是为了学分而选课的时候，陈火英不仅不会生气反而会赞扬学生说真话的精神，同时承诺自己不会让他们失望，保证每次课都有收获。为此，她认认真真对待每一堂课。

陈火英认为当教师、当好教师，就要慎思笃行、言传身教、品德高尚，处处为学生树立榜样。教学过程及日常工作中的点点滴滴都会影响到学生的全面发展，大到为人处事，小到随手关灯、离开教室前擦去自己的板书等等。对于研究室的贫困学生衣食住行都要关注到；对于患有重大疾病的学生，不仅做到用心收集案例、找专家，更要点燃孩子"生"的欲望……陈火英要求学生每周必须安排一定的体锻时间。正如学生唐昕所言："陈老师就像我们的家长，她用耐心、细心和爱心照顾着每一位学生，鼓励我们全方面发展。"

脚踏实地，勇于新

科研是教学的依托和基础。陈火英的科研工作始终围绕生产实际需求，以科学问题解析为基础，符合学科特色，脚踏实地、不浮躁，以使成果能顺利落地。她始终认为没有高水平的科研，就很难有高水平的教学，研究型大学的教师，应该是教学科研两不误，且两手都要硬。

陈火英在带好本科生、研究生认真探究科学问题的同时,积极进行教学改革,每门主讲课程都配有自己的主编教材或讲义;关注"师生互动""生生互动",倡导学生组团研究性学习和讨论,激发学生的内在潜能,提高其解决问题的能力,用学生李少杭的话说:"陈老师治学严谨,科研思维敏捷,善于引导,注重学生思考能力的培养,经常鼓励我们敢于创新,勇攀科学高峰。"其教学有以下特点:

(1)全程混合性。陈火英利用自建的网络课程(中国大学 MOOC、好大学在线教学平台),探索采用"课内+课外"和"线上+线下"混合性教学模式。线上学生可以通过视频资料和课件,并结合答疑论坛等板块进行系统学习,并可以突破时间、地点的局限,任意选择自己想要学习的知识点进行学习,从而充分调动学生的学习主动性、积极性。课外通过团队课程论文的教学环节,引导学生进行研究性学习。课内则增加了课堂讨论和课堂互动的比重,建立了"教师引导"与"学生引导+教师点评"相结合的授课方式。除此之外,还通过线上"答疑论坛"线下"问题解析"实现线上和线下的有效互动。

(2)过程两段式。教学过程的前半段以"教师引导"为主,主要进行知识点和经典案例的学习;后半段则以"学生引导+教师点评"形式为主,注重学生的研究性团队学习;要求各团队课程论文或设计案例以多媒体的形式向全班报告,报告可采用讨论式、辩论式、案例式等形式,教师必须对每次报告的内容及学生的"问"与"答"做出客观点评。

(3)内容专业化。陈火英注重课程的内涵建设,不同性质的课程设置不同的知识内涵。专业课的教学要强调上海交通大学"高层次"特色,既要弄清楚技术层面,更要弄清其科学依据,启发学生探索未知世界的好奇心。如"植物育种学(原理)"的'杂交不亲和'知识点,要通过导读最新前沿论文,弄清楚'柱头与花粉'的各种应答机制,解析产生这种现象的可能原因,再采取相应措施等。

随着千百年来自然物种进化与人类科技进步,世界农业育种经历了原始育种、传统育种和分子育种三个时代的跨越,形成了具有典型时代特征的各种技术版本。种质资源也已从"一粒种子"发展到"一个基因",但经典的内容还是有其独到之处。陈火英会在导读经典育种案例后,引导学生在当今高科技时代背景下进行情境案例的设计,使学生学会联想、重构问题和举一反三。

陈火英注重教学科研协同,追求教育的最大附加值,达到教学科研的同期互动。她认为好的教师在科研方面应该有心得、有感悟、有成就。教师用自己的科研成果作为教学案例,不仅丰富了课程内容,教师获得成果的过程更是启发、培养学生创新能力的最好素材。好的老师会有反思意识,也能够培养学生勇于挑战权威的意识。

因材施教,善于精

陈火英正视并尊重学生间的差别,恪守、秉持并践行"一切为了学生,为了一切学生""为了每一个学生终身发展"的理念,让每个学生都拥有成功梦想的机会。为此,她注重团队的研究性学习,并根据课程性质设计团队探究的主题。对于通识核心课程"遗传学与社会"的教学,陈火英会根据课程内容与学生一起设想若干个主题,学生可以根据自己的兴趣爱好组成若干个小组,每一小组完成1篇课程论文,并在全班交流。交流涵盖两个过程:多媒体汇报和带领全班讨论。对于专业课程"植物育种学(原理)",则根据教学内容,学生可以自己出题、查阅资料、组织资料,完成课程论文,并进行多媒体汇报(可以用中文,也可用英文)。汇报和交流的过程使学生学会倾听和欣赏彼此。

陈火英认为好的教师会善于发掘学生的闪光点,激发学生的梦想,彰显学生个性。对于个别基础相对薄弱或不太合群的学生,她在课堂中会多加鼓励,并做好组长、组员的工作,带他们一起进入教学进程。随着教学进程的推进,学生会感悟到团队学习的乐趣和帮助他人的乐趣。她说:作为教师,她也很享受这一过程。

热心公益,乐于行

陈火英响应中组部号召,参加第四批博士西部服务团,挂职云南省玉溪市人民政府市长助理两年,工作兢兢业业、勤勤恳恳,得到了地方的一致好评,两年考核均为优秀。为配合玉溪市农产品安全检测中心的营建,她用三天时间走访了市农科院、植保站、种子站,完成了政府计划两周要完成的相关仪器设备的清点工作,用市长的话说"真是上海速度、交大效率"。挂职结束返校后,有位外校的校长问学院的书记,两年对一位青年教师来说业务工作损失很大,怎么补?但是,陈火英认为两年的挂职使她深刻领会农业、农村、农民的实际情况,很是值得。

陈火英在副院长的岗位上服务了近十年,从不计较个人得失,不会为自己及团队谋福利,得到了全员教职工的一致好评。在分管科技兴农的三年中,她帮助基层策划项目,但没有为自己划拨过经费,她总是说只要你们善待我们下乡的老师就可以了。正如当年服务浦东的一位老师说的:"这样的领导暖心,真不多见。"分管教学工作期间,由于本校区的土地有限,教师们都想要在近处有片试验田,作为分管领导陈火英不占一寸,至今一直在闵行航育基地等处进行科学研究实验。

陈火英一直从事蔬菜遗传育种的研究工作,而我国的种业企业,尤其是蔬菜种业企业的研发能力还相对较弱,十多年来,陈火英及其团队利用分子生物学技术为企业搭建现代育种技术平台,为企业育种工作中性状快、精、准的选择,杂交组合的快速选配,新品种指纹图谱的构建及真假杂种的分子判定等提供支撑。正如上海富农种业、上海乾德种业等企业的老总所言:"交大陈老师团队的技术使番茄育种成本减半而育种周期却缩短了一半。"

陈火英敬业执着、富有激情、锐意改革。教学中不但全面夯实学生的学术基础,而且塑造学生正确的人生观与价值观,在长期的教学实践中摸索了一套创新人才的培养方法。陈火英不忘初心、不辱使命,谱写了执着、勤奋、谦逊、严谨、求实、和谐、关爱的动人篇章。

陈广洁：广植桃李德愈厚，布道杏林志高洁

【教师名片】

陈广洁，上海交通大学 2021 年"教书育人奖"一等奖获得者。上海交通大学医学院－基础医学院免疫学与微生物学系教授，博士生导师。机体防御与免疫教学团队首席教师，免疫学课程组长，上海－渥太华联合医学院 Foundation Unit 负责人，上海交通大学医学院教学委员会委员，上海民盟市委高教委员会委员。曾获宝钢教育奖优秀教师、上海市三八红旗手、上海市育才奖等多项荣誉。领衔的"机体防御与免疫"课程于 2020 年被教育部认定首批国家级一流本科课程。

【名师名言】

■ 求智向善，在成就卓越的道路上主动作为，知行合一。

■ 医学生要心中有爱，眼中有光，有大健康和健康共同体理念，实现作为医生和科研工作者的使命和担当。

■ 师爱是一种力量、一种品质。老师要最大限度调动学生的积极性，激发学生的巨大潜能，让每个学生闪烁光芒。

陈广洁是交大培养出的一位优秀学生,本科、硕士、博士均就读于交大医学院。毕业留校后,陈广洁从一名助教开始一路成长为如今的资深教授。其间,她也曾赴多所海外名校进修和访学。陈广洁深耕教学第一线,建设一流课程,深受督导好评、学生喜爱。她设计主讲本科生和致远荣誉研究生等课程,注重全程育人;主编教材,钻研教学学术;组建高水平教学团队,开展教学改革;举办国家级继续教育研修班,推广教学经验;注重教研相长,引领科研反哺教学。"广植桃李德愈厚,布道杏林志高洁",这是学生送给陈广洁老师的一副对联,也是她教书育人最真实的写照。

潜心教育育人才

陈广洁热爱教学,始终坚持在教学的第一线,在最平凡的岗位脚踏实地,对学生奉献自己的爱心,引领学生走向未来,帮助学生实现梦想。作为首席教师和骨干教师的她承担了临床医学五年制、八年制、4+4临床医学硕博班、生物医学科学专业、上海-渥太华联合医学院临床五年制英文班、医学院研究生等各种层次的教学任务。她设计和主讲整合课程"机体防御与免疫"、致远荣誉课程本科生和研究生等课程,每年理论授课学时约200学时;近五年主持教学课题8项(含上海市高校示范全英文课程建设)、发表教学研究论文4篇并获东方医学教育论坛二等奖。

陈广洁上课注重培养学生的综合能力和整体素质,启发学生端正学习态度、明确学习目的、建立严谨学风、注意学习方法,提高学生学习的积极性。她总是留下办公室的地址,随时随地耐心解答同学的问题。此外,陈广洁也非常注重培养学生的人文修养。她说:医学的研究对象是人,医学同时兼有科学和人文双重特性,"求智"的目标就是"向善",厚德而后为医,医学生应有"向善"的心,宽广的胸襟,以及坚定的信念和高尚的品格,同时也要时常检视自己的不足,通过自省和慎独,端正自身行为。

陈广洁主编和参编8部教材,编写PBL案例,带领团队编写与《机体防御与免疫》教材配套的《免疫学思政素材集》,建设OBE理念的教学大纲、注重培养专业人才的同时加强思政素质的教育，培养学生爱国荣校的人文精神。她于2017年获医学院课程思政竞赛三等奖，2020年获医学院课程思政竞赛优秀课程设计特等奖。因为在教书育人方面业绩突出，陈广洁先后获得了上海交通大学基础医学院杰出员工、上海交通大学金正均教育基金优秀教师、上海市教委巾帼建功标兵、上海市教委系统三八红旗手、上海市育才奖、上海市三八红旗手、宝钢教育奖优秀教师等荣誉，并于2021年获上海交通大学"教书育人奖"一等奖。

陈广洁还积极报名成为班导师，与辅导员双师联动，目前已带教两批本科生。她在人生道路和专业方面指导引领学生，注重对学生的思想政治素质的教育和影响，既通过"玉兰飘香"班导师文化创建项目让学生阅读经典书籍培养人文素养，又利用自己专业特长开放实验室培养学生科研工作能力，因成绩突出，陈广洁获得了2016年度上海交通大学十佳班主任称号、2014年度优秀班导师称号、2015年获上海交通大学医学院首届班导师文化创建精品项目。陈广洁作为博士生导师和硕士生导师指导研究生共11名，8名已毕业；作为致远学院本科生导师已指导4名本科生。多名学生分获国家奖学金以及上海市优秀毕业生和上海交通大学医学院优秀毕业生称号；3名生医科学生继续攻读国内外优秀大学的博士学位。

带领团队共成长

陈广洁不仅自己的教学做得好，更重要的是，她能带领自己的教学团队共同成长。她所在的教学团队和免疫学课程组隶属免疫学与微生物学系和上海市免疫学研究所。这是一个科研十分出色的部门，有着众多优秀的科学家，但如何将科学研究的优势转化为教书育人的优势？为此她以自己特有的耐心、细致和春风化雨般的工作方式，引导研究成员们参与教学、热爱教学。她努力建设一支科研和教学相互促进、基础和临床相互贯通、国内外教师相互协作的高水平的整合课程教师队伍；改革教学模式，创新课程体系，将思政贯穿于专业学习全过程，从知识、能力、素质三方面培养学生。

陈广洁组织团队PI和资深教师带教大学生科创和RBL，重在启发、传授科学的思维方法,培养学生发现问题、分析问题、解决问题的创新能力;完善教学网络建设,带领青年教师设计和制作系列微课程、微精品课程、网络线上课程,多次获得医学院特等奖、一等奖。教学的学术水平代表着教学力量的雄厚,陈广洁带领团队不断提高教学学术水平,3 年团队累计申请教学课题达 19 项,包括上海市示范性全英语课程建设。在她的引领下,2014 年、2015 年团队分获医学院优秀团队称号以及 2017 年上海交通大学医学院"文明班组"称号。为了进一步提高免疫学课程组的教学水平,并把交医的优秀教学经验向更多的老师和学生分享,陈广洁多次组织国内外优秀教师做客 21 教学讲坛、教学沙龙,并在全国免疫学大会、国内其他高校做讲座,和全国同行互动交流,激发了团队教师的教学热情;教学团队自 2018 年起连续成功举办国家级继续教育基础与临床免疫研修班,将教学经验向全国推广,具有一定影响力和知名度。

由于陈广洁不懈的建设,她领衔的"机体防御与免疫"课程于 2020 年被教育部认定为首批国家级一流本科课程。

教研相长硕果丰

陈广洁不仅是一位优秀的教育工作者和教学团队负责人,同时,她也一直在科研领域深入探究。博士毕业后,她一直从事自身免疫性疾病的发病机理以及免疫调节作用机制的研究。作为负责人,陈广洁先后主持国家自然科学基金项目、上海市科委自然科学基金重点和面上项目等。发表多篇 SCI 论文,累计影响因子超过 100 分。其中 2 篇分别关于多发性硬化和类风湿关节炎靶向作用机制方面的研究论文,在发表的同时杂志配发评论文章,对研究成果给予了高度评价;作为共同完成人获得 2005 年上海市科技进步三等奖、2012 年上海医学科技奖三等奖。陈广洁对于科研上取得的成果,在教学中和学生一起探讨,培养学生的科学素养,启发学生的科学思维,真正做到"教研相长"。

陈广洁自 2005 年开始担任长学制导师,自 2013 年开始还要每年带教 1~2 个 RBL 项目和大学生科创,指导学生撰写综述、带教科研,启发学生的创新思维和科研能力,带领同学阅读文献和听讲专业讲座、参观校内校外各类型的实验室、带教示范实验、指导学生撰写综述,启发学生的创新思维,培养他们良好的工作作风。近5年,陈广洁带教的学生几乎每年获上海市和国家级大创资助,指导的本科生参加科创比赛获奖达15项,包括全国大学生生命科学竞赛、"懿德杯"和"医帆起航"等比赛,发表科研文章17篇(SCI 2篇)。陈广洁因带教优秀多次并被评为医学院优秀RBL和大创带教老师。

萨日娜：行远自迩，笃行不怠

【名师名片】

  萨日娜，上海交通大学 2021 年"教书育人奖"一等奖获得者。上海交通大学马克思主义学院科学史与科学文化研究院教授。日本东京大学理学博士，北京大学博士后。JSPS 日本学术振兴会特别研究员，京都大学客座教授。中国科学技术史学会理事、中国数学会数学史学会理事。曾获英国剑桥李约瑟研究所劲牌"中国的科学与文明"奖学金，日本科学史学会学术创新奖，日本数学史学会桑原奖，全国计量测试学会奖，上海市浦江人才，上海交通大学优秀共产党员等荣誉。

【名师名言】

  ■ 了解科学的历史，培养辩证的思维，树立正确的历史观和价值观。

  ■ 只要有足够的热情，并常怀感恩之心，工作和生活就会像一件件雕饰的艺术品和一幅幅美丽的风景画。

  ■ 本着自强、自立、自信、自勉的信条，认真对待教学和科研工作，不断超越自我，成就更出色的自己。

以思政课和通识课为平台，引领学生树立正确的价值观

2010年12月，萨日娜到交大以后，持续担任了两门本科生的校级通识核心课、全校研究生的公共课，以及三门本专业研究生的必修课。自2011年开始，她讲授"自然辩证法概论"课程，受益学生近万名。自然辩证法是马克思主义学说中与科学技术联系最直接的部分。她重视课程建设，精心备课，教学中突出重点，结合国家的最新科技政策，全面概括和运用自然科学领域获得的最新成果，讲授马克思主义的自然观和科学观，解释恩格斯自然辩证法的基本规律和范畴。

"科学技术史""中日科技文化交流"是萨日娜来交大后教授的两门通识核心课程。"科学技术史"她讲授中外科技发展的历程和科学家的思想，"中日科技文化交流"她讲授中日传统科技的交流与相互影响，拓宽学生对中日历史上的传统文化、教育制度和科学思想的了解。2020级化学化工学院高分子系姜宇同学上完课谈道，"萨日娜老师的课程，以科学思想发展史为脉络，带领着同学们系统了解了从古希腊时代直至当今的科技发展历程，通过这一课程的学习，我对不同时期科技思想的内容及其在所处时代的地位有了新的认识，也对科学与人类文明、人类社会间的交互作用等一系列问题有了更为清楚的认知，对个人所从事的科研工作在诸多方面的意义也认识得更为深刻。"

除此以外，萨日娜还承担着三门研究生专业课的讲授任务："中外科技交流史""中外科技交流史专题""数学史"。在面向硕士的"中外科技交流史"中，她让学生感受了丝路文明和中国传统科技文明的魅力。在面向博士研究生的"中外科技交流史专题"中，她加强经典文献的研讨，培养学生的哲学思维，从历史遗产中寻找社会进步的力量，从科学史、历史学、中外文化交流史等多方面的史学意义上推进了学生的研究。在"数学史"课程中，她从社会学的视角探析数学发展的历程，讲授沿丝绸之路数学知识的传播与交流，比较不同文明数学知识创造的特点、文化特色及其社会作用。

除了学校教育工作之外，萨日娜还积极参加面向社会的公益性讲座和课程。

作为全国科学技术史通识教育联盟的成员,她积极参与普及科学文化和科学技术史知识,为宣扬丝路文明、扩大科学技术史学科的影响做了不懈努力。

以为党育人、为国育才为天职,落实立德树人和爱国奉献

任何一个伟大学者获得的成果并不是由于上天的眷顾,更多的源于后天的努力和辛勤的汗水。这是萨日娜用作自勉并常跟学生讲的一句话。她赞许交大学生的聪明和勤奋,但也会时常要求他们不要懈怠,一定要好好珍惜在交大读书的时光。

萨日娜认为立德树人是人民教师的首要职责,更要以为党育人、为国育才为神圣使命。她认真对待每一位学生,制订详细的培养计划,因材施教,引导学生走上科学研究的道路。她又时常关注学生们在日常生活中遇到的困难,为他们疏导困惑,培养其解决问题的能力。即便是在国外访学期间,她也通过邮件、视频、微信等各种通信渠道与学生沟通,为培养优秀的研究生做了努力。

这些年,萨日娜作为研究生导师培养并指导多名科技史专业的硕士、博士和博士后研究人员,均取得了优异成绩。她指导的硕士生陈梦鸽高质量完成硕士论文后,获国家留学基金委奖学金支持并以优异成绩考入英国牛津大学攻读博士学位,其事迹曾在央视媒体和交大新闻有过专题报道;指导的博士后曹婧博不仅发表高水平论文,2020年还获得了国家社科青年基金项目,成为我校科学史博士后流动站首位、全校文科类博士后第二位立项者。

在指导少数民族科技史专业研究生时,萨日娜经常强调:中华民族大家庭多元一体,每个民族都为创造灿烂的科技文明作出了贡献。她时刻教育学生全面了解党的民族政策,引导他们树立正确的历史观、民族观、国家观、文化观。她培养的蒙古族研究生乌雅汗在硕士论文致谢中写道"衷心感谢我的恩师对我的谆谆教诲和悉心关怀。在校期间,不论在学习上还是生活上,萨日娜老师都给予了我莫大的帮助,老师温柔善良的性格也让我在异乡感受到了来自家乡的温暖。老师有着开阔的视野、严谨的治学态度和精益求精的工作作风,是我们蒙古族的骄傲和好榜样"。萨日娜以实际行动守护着中华民族大团结的友谊之花。

以科研探索为基础反哺教学，将学术影响拓宽到国际领域

科学研究与教学应相辅相成，研究成果应反哺教学。萨日娜这些年参与多项国家社科和自然科学项目，完成多个省部级项目，单独主持国家社科基金项目，用中、日、英文发表了多篇高水平学术论文。同时，她又担任国家社科重大项目的子课题负责人，以及国家社科中华学术外译项目的主要负责人（译著者）。这些研究成果丰富了其教学内容，成为其教书育人的有力保障。

2018 年，萨日娜获得剑桥李约瑟研究所劲牌奖学金的支持走访英国，通过学术讲座和会议报告，将其学术影响拓宽到国际领域。2019 年，其中外计量交流史相关论文获得全国计量测试学会科普奖。同年她又获得上海市浦江人才计划项目资助，开展了海上丝路与中国传统科技在域外传播方面的专项研究。2020 年她当选全国一级学会中国科学技术史学会理事，同时又获得学校文科处资助，主办"海上丝路与东亚科技文明高端论坛"，聚焦丝路文明与中国传统科技，为推动国家文化软实力的传播作了贡献。

近三年，作为学科负责人，萨日娜带领团队参加国内外学术会议 40 余次，发表相关学术论文 20 多篇。其带领的团队 2019—2020 年的研究成果在学院名列榜首，被评为 2020 年度优秀二级学科团队。

2020 年 11 月，萨日娜应邀参加国家"科学家博物馆"项目，撰写数学家传记，为宣传数学家的科学精神做了努力。2021 年 6 月，她受邀参加北大"理科与中国现当代科技发展"学术研讨会，为今后在交大展开理科学科史和交大科学家的学术思想研究奠定了基础。

以科学文化传播与交流为己任，心怀天下，铺路架桥

在科研和教学中萨日娜始终以科学文化传播与交流为己任，心怀天下，为中华优秀文化流传域外铺路架桥。作为具有国际视野的学者，这些年她获得的科研成果在国内外学术界赢得了同行学者的高度评价和认可。2018 年，她在众多

申请者中脱颖而出,获得英国剑桥李约瑟研究所劲牌奖学金。该所的梅建军所长写道:"我们对于学者的选拔过程将侧重考察申请者的研究视野和潜能。萨日娜老师近年的研究集中在海上丝路与中国古代科技的传播、中外传统科技的跨文化研究,中日传统数学的近代化等几个方面。在劲牌奖学金申请书中,她展示了其近年关于深化中外学者对中国科学与文明发展的认识的研究成果,揭示海上丝路与中国历史上科学、技术发展与商业的关系,以及对认识和推进中国现在和未来发展的意义。她已经具备了带领其学科团队继续获得赶超或引领国际先进水平的学术能力。"日本学者对萨日娜的评价是"她是我见过的做学术最勤奋,做人最谦逊、最诚实的一位学者",这句话来自东京大学博士、日本四日市大学的小川束教授,他是一位数学家,研究中国宋元时期的数理天文思想,也是日本著名的关孝和和算研究所的创立者。他也曾多次来交大访学,是我国科学史界的老朋友。

萨日娜作为首位获日本科学史最高奖的中国人,在日享有盛誉。疫情期间,她通过精彩演说、学术论文,努力向日本学者讲好中国故事。她主持交大科技发展研究基金——"新型冠状病毒防治"专项软课题,开展相关研究,为国家疫情防控及后期需解决的问题,贡献了交大教师的智慧和力量。

"一个民族想要站在科学的最高峰,就一刻也不能没有理论思维",这句话来自恩格斯,也是萨日娜经常激励年轻一代交大人把握机遇,奋勇前行,为祖国的繁荣富强努力奋斗的一句话。她始终以扎实的学识和前沿的研究理论支撑其高水平的教学,又不断探索和开设学科前沿课程,使思想政治教育贯穿教学全过程,在人才培养工作中发挥了表率作用。

"教书育人奖"个人奖

二等奖

周岱：立三尺讲台，创育人新范

【名师名片】

周岱，上海交通大学 2021 年"教书育人奖"二等奖获得者。上海交通大学特聘教授、二级教授，船舶海洋与建筑工程学院土木工程系教师。教育教学上，获上海市教学成果奖一等奖（2017，排名第一）、全国宝钢教育基金优秀教师奖（2020）、上海交通大学校长教学奖、教学成果特等奖和教学成果一等奖（2016~2019，均排名第一）；指导本科生获上海交通大学 Top1% 优异学士论文 5 篇（2013~2019）、全国土木工程本科生优秀创新成果奖，多人获上海市优秀毕业生称号；指导毕业近 60 名博士硕士中，获上海优博优硕论文 5 篇，领衔获交大首届凯原"十佳科研团队"（2012）。科学研究上，获上海市自然科学奖一等奖（2019，排名第一），国家科技进步奖一等奖（2020，排名第四），主持 10 项国家自然科学基金项目。

【名师名言】

■ 学土木、干工程是自豪的事业，万丈高楼平地起，逢山开路、遇水架桥，是土木人的责任，面向工程、解决难题是土木人的担当。

■ 土木工程的精髓和活的灵魂就是学以致用，理论联系实际；夸夸其谈、隔靴搔痒、自娱自乐的教学科研，误己害人、误业害国。

■ 人要有一点境界，善于心、厚于内，精于思、简于形；人要有一点眼光，求有思想的学术，出有学术的思想。

周岱,上海交通大学船舶海洋与建筑工程学院土木工程系教师。他从教三十余年以来,秉持以学生为中心的理念,长期活跃在教书育人第一线。站立三尺讲台,专心课堂授课,倾心教学改革,精心培育人才。致力于教书与育人相结合,培养德才兼备的人才;致力于传知与实践相配合,培养务实会干的专才。致力于教学与科研相融合,培育应变创新的能才。坚持科研反哺教学,把最新成果融入教材、带进课堂,把基本知识、基本理论、基本方法与学术前沿、技术发展有机结合,激发学生学习热情,引导探究兴趣。他是学生的良师益友。

立三尺讲台,创育人新范

三尺讲台勤耕不辍显身手。周岱多年来先后讲授过建筑结构、土木工程项目管理、建筑结构抗震等专业课、工程可持续发展等通识教育核心课,这些课程的性质和内容迥然有异,教学方式差别较大。怎样吸引学生听课兴趣、激发学习热情?他不懈探索实践,逐步形成了"知识内容章回化、课堂授课故事化、课堂组织多样化"的课堂教学范式。按照知识点、能力点、素养点、思政点,梳理课程的基本概念、基本理论、基本方法和基本规范,融汇课程共性、归纳课程特性,知识分类、由浅入深、逻辑递进、有机连接、环环相扣,用课程的逻辑红线串起众多知识点,形成珍珠项链;与此同时,他广泛参考国内外先进教材,不断把行业新技术新方法、教学科研新经验新体会融入课程。他科学划分设置每周教学内容,重视基本功训练,讲出知识的节奏感和章回感;课堂上巧妙引出知识关键点和转折点,讲出知识的悬念感和故事感;课堂适时测试,讲透知识的逻辑性和灵活性;讲台上精心"设局",提问和互动难点、讨论和质疑要点,培养学生崇尚科学的精神、探索解决问题的能力;通过黑板板书、PPT课件、动画视频、远程线上行业专家互动等多管齐下,充分调动学生的眼、耳、脑、口、手"五官科",呈现课堂授课组织的立体性、生动性。尽管课程已讲授过多轮多次,但每次上课的头一天,周岱仍空出大半天精心备课,改进完善PPT课件和教案,采纳学生反馈的合理建议,优化细化讲课思路和重点知识。

教学精益求精铸就好口碑。周岱讲课知识面宽广、形象生动,每年吸引船机电经管医法等十余个学院本科生选课,口口相传,得到学生一致好评。他因优异的教学效果荣获全国宝钢教育基金优秀教师奖、上海交通大学校长教学奖。他不懈探索实践教学改革结硕果,以第一完成人先后获上海市教学成果奖一等奖及上海交通大学教学成果奖特等奖、一等奖。

课堂之外综合育人见真效。周岱积极探索本科生创新人才的培养之路,探索形成了"早选苗、巧施肥、精培育"模式。本科低年级导师制"面对面"引导,大创项目"手把手"指导,毕业设计"点对点"育人。在本科生二年级专业分流后,他积极响应学校的本科生导师制号召,通过师生互动和双向选择,及时确定1~2位有志于科学探索的低年级本科生;对标国家"卓越工程师培养计划"要求,引导学生早期介入科研。他与学生一起共商选题、撰写申请,通过答辩竞争获得"大学生创新实践计划"或"PRP"项目资助,共同制定研究计划和实验方案,定期见面交流沟通,解决疑难问题,每月关注督促学生研究进展,同时引导本科生与研究生师长一同开展科学研究。他对本科生的探究性学习,真正做到了全程导航、全方位指导,促进了学生主动学习、独立思考、自主研究、团队协作的素质养成。他先后指导20项市级/校级大创实践项目,其中三分之一获评市级优秀结题项目。更进一步地,他引导本科生以自身大创项目成果为基础确定本科毕业设计选题,并更加注重向工程需求靠拢、向学术前沿靠近。多年来他指导的本科生以第一作者投稿和发表SCI和EI期刊论文已成常态,本科生先后获5篇上海交通大学Top1%优异学士论文,获全国土木工程本科生优秀创新成果奖,多人获上海市优秀毕业生称号。师生共襄获上海交通大学首届凯原"十佳科研团队"。

注重实践育人,培养学生动手能力和解决问题的能力。他曾在暑假期间,带领一队学生远赴云南中印缅边境——怒江傈僳族自治州,开展学生专业实践和社会实践,他们穿行于碧罗雪山和高黎贡山,徒步高山峡谷数百里,渡怒江、过澜沧江、跨独龙江,啃熟土豆、喝玉米渣粥、烤山羊、吃野菜,睡窝棚和乡村客栈,风餐露宿一个月,狗吠兽吼连绵不绝,蚊虫苍蝇如影随形,测绘丈量、拍照记录、高德地图实物定位,用辛勤的汗水分类编绘了傈僳族、怒族、独龙族、普米族等少数民族传统建筑的珍贵资料,发挥聪明才智创作完成了多套少数民族新农村建设新民居方案并被落地采纳使用,助力扶贫攻坚,促进了民族大团结。《解放日报》《中国教育报》《云南日报》等十余家官方媒体曾大幅头版报道。

教研结合育英才,甘当人梯花落师生

因材施教,探索研究生个性化特色培养模式。周岱认为研究生是"研究中学习的学生",探索"学中做""做中学"育人模式。他常挂在嘴边:招收研究生进团队,"师傅领进门"后还要全程负责、精心培养,几年后"优质产品"适销对路送出门。他针对每位研究生的不同特长,制订差异化培养方案,实施个性化培养。对创新潜质型学生,宏观指导的"放养散养"与关键环节的"点击碰撞"相结合,通过报告会、学术组会,强化质疑和批判性思维培养;对能动实践型学生,充分提供"练手"实践机会机遇,培养他们的动手能力和技术集成能力。周岱曾指导一名少数民族博士生,母语不是汉语,入学时专业知识和英语基础较差,他"对症"精心指导,充分调动他对理论研究的兴趣和爱好,发挥所长。注重平时的常态指导,周周见面沟通,常常餐间交流,适时点拨互动,及时鼓励表扬。该生学术能力和英语水平进步很快,毕业时已在国际著名期刊发表和录用10余篇SCI论文,并获上海市优秀博士学位论文奖。

做学术"顶天"的事,干国家需要的事。周岱注重结合重大土木工程培养人才,紧扣大型国际机场、高铁站、大型体育场馆和会展中心等国家重大基础设施和城市重大工程的技术瓶颈,海洋能源资源开发前沿科技问题,共商确定研究生学位论文选题,明确强调研究生应做有用的研究、出有用的成果。通过每周学术组会、定期同行网会、年度国内外交流会、不定期产学通气会等多种形式,开门搞科研,理论联系实际,接地气、落实地,实验检验理论,工程考验理论,不断解决工程科学难题和工程设计瓶颈。他组织领导的每周学术组会坚持了二十多年,已经培养两代学生,已然成为例行习惯而"雷打不动";组会规模由小到大,从几个人发展到现在的30余人,进而又分化为几个小组会。组会上,他注重营造平等学术环境和"家"的宽松环境,不分师生,只求真理,不分长幼,只辩对错。他利用组会及时宣传领会土木建筑领域和海洋强国领域的国家大政方针和行业政策导向，及时调整团队研究方向，优化科研重点，培养学生的使命感，激发学生的爱国热情和科研兴趣，"思政进组会"的特色跃然显现。近十年来，周岱指导的研究生在领域顶刊发表论文蔚然成风，多篇入选 ESI 高被引论文、国际期刊年度最热论文榜榜首，研究生成果应用于首都国际机场、2008 北京奥运主体育馆等重大工程设计和安全性评估。毕业博士人均发表 5 篇以上 SCI 论文，在学期间获北京科技进步奖，10 余人获国家奖学金等。他指导毕业近 60 名研究生中，获得 5 篇上海优博/优硕论文奖，多人获省级"五一劳动奖章"、入选国家优青、上海"东方学者"等，博士生几乎全部在高校从教、几乎全部获得国家自然科学基金项目资助。

功成不必是我，业成必定有我。每当学生在工作岗位上取得新成绩，他总有掩饰不住的喜悦，充满成就感和自豪感。忠诚党的教育事业，为国家育才、为社会育人，已经融入他的追求和使命，浸入他的工作和生活，是他实现人生价值的最佳体现。

潘尔顺：守质量之心言尔志，行育人志远顺匠心

【名师名片】

潘尔顺，上海交通大学 2021 年"教书育人奖"二等奖获得者。上海交通大学机械与动力工程学院长聘教授。现任工业工程与管理系主任、中国质量发展研究院副院长，2012 年入选教育部新世纪优秀人才。担任国家重点研发计划"钢铁全流程多工序动态协同运行优化技术及示范应用"首席科学家、上海市重点课程负责人，先后主持 5 项国家自然基金及工信部智能制造课题等 40 余项，发表高水平论文百余篇，主编《生产计划与控制》等教材。先后获上海市科技进步奖一等奖、中国质量协会质量技术奖一等奖、上海市教学成果奖一等奖。多次获评上海交通大学优秀教师，2020 年获上海交通大学凯原十佳优秀教师等荣誉。

【名师名言】

■ 博学笃行，乐学善思，正心律己，关爱学生，努力做好学生成长的引导者。

■ 教书育人是每位老师的神圣使命，也是一份本职工作，要把传播知识，启迪思维，塑造创造力落到每一个细微之处。

■ 师者，要有敏锐的时代意识，永葆匠心精神，围绕时代发展所需，国家建设所要，培养和造就新时代的追梦人。

■ 勤于始，坚于心，敏于行。

自 2020 年获得上海交通大学第十届凯原十佳优秀教师后,潘尔顺又于 2021 年获得上海交通大学"教书育人奖"二等奖。作为上海交通大学工业工程与管理系主任、中国质量发展研究院副院长,他自 2000 年留校任教以来,一直满怀对教育事业的热爱,坚守"质量为先"的育人理念,始终将人才培养放在首要位置,扎根教书育人第一线,潜心教学改革,坚持教学与科研并重,培养了一批又一批优秀学生。

师风垂范,潜心育人

多年来,潘尔顺始终怀爱生之心,坚持学高为师,身正为范,秉承"将学生当作自己孩子来看待"的培养观念,以真诚启迪学生,用爱感悟学生,做学生成长的引导者。他积极为学生创造最佳科研条件,平时再忙,也会定期与学生讨论研究方向、课题思路和论文细节;不管多晚,只要学生有需求,他一定能够及时回复解答。

生活上,潘尔顺无微不至,亦师亦友,是一位有思想、有温度、有情怀的学者。系里所有学生,不论是在学业上或者是在成长中遇到困难或者陷入迷茫,首先会想到他。很多本科生在申请国际一流大学时,他总是积极帮助推荐,在他的推荐下,先后有十多位同学赴佐治亚理工学院、哥伦比亚大学、杜克大学、加州大学伯克利分校等深造。学术上,他鼓励学生学会批判性思考,追求学术高度。生活上,他则积极为同学提供力所能及的帮助,每年寒暑假,他都会主动为研究生提供往返的路费,这个习惯,一直保持至今。

潘尔顺也会根据学生多元化、差异性成长发展需要,因材施教,定制个性化的学生成长计划。他曾经指导过来自东海舰队和北海舰队的两名在役军官,两位学长在刚来到学校的时候,年龄较长于课题组同学,自身数学和英语基础比较差,科研能力相对薄弱,一时间很不适应。他非常关心两位同学,为他们选择合适的科研方向和课题。最后两位同学按时顺利毕业,毕业时也已经具备了解决企业生产难题的能力,继续投身到强军道路上。

另外,研究生支部的共行计划、"知行杯"的大调研、学生暑期实践和生产实习等,潘尔顺也都亲力亲为,帮助学生联系企业,安排行程,他也成为学生心目中的好老师、好大哥。"很幸运有全世界最好最帅的老师!"这是一位硕士毕业时对潘尔顺的表白。温逊儒雅,勤勉坚毅,谦和有容,潘尔顺就是学生心目中完美老师。

春风化雨,甘为人梯。在他的悉心培育和引导下,团队里有二十多人获国家奖学金、上海市优秀毕业生等国家级、省市级以上荣誉。他还注重对学生的价值引导,毕业学生多元发展,既有深耕前沿学术的高校教师也有扎根重点领域的全国五一劳动奖章获得者,先后有多名学生去新疆、重庆、西安等中西部地区,投身到基层和重点行业中,为社会发展贡献自己的青春力量。

以系为家,绘就蓝图

作为系主任,潘尔顺一心扑在学科专业发展上,殚精竭虑。他总是系里来得最早、走得最晚的老师,被同学们称为工业工程与管理系"最帅气的守门人"。

一次出差考察中,他头部不小心受伤,因为惦记着之前约定好的系里课题组会议,并没有去医院检查,在同行人员的强烈要求下,他在机场做了紧急处理便连夜赶回上海。周日一早在医院简单包扎后,便包着纱布准时到学校开会和工作。近年来,他带领全系老师反复研讨,重塑工业工程人才培养体系,将大数据等新元素融入专业人才培养过程。他负责和参加了包括教育部第二批新工科研究与实践等在内的多项教改项目,提升专业办学质量,推动学科专业快速优质发展。在他的积极推动下,质量大数据中心、智慧物流实验室、智能维护系统实验室等相继建成,为学生提供了最佳育人硬件环境。

在课程体系设计上,潘尔顺注重本硕博贯通培养,打造形成了优质课程群,近三年他主讲的四门课程获工业工程国家教指委教材立项,"可靠性与维修管理""物流与供应链""生产系统建模与仿真"等三门获上海市重点课程,建设了"可靠性与维修管理"等四门在线视频课。他狠抓学生科创实践,重视学生实践能力提升,近三年组织学生在第三届中国工业工程与精益管理创新大赛获得两项一等奖、在全国工业工程课程设计大赛获得一项特等奖等奖项。

在他的带领下,工业工程专业获批 2021 国家一流本科专业,在 2021 软科专业排名中位列 A+(全国第二)。此外,他还积极参与学校工程管理专业学位(MEM)建设发展,2020 年 12 月,正是他带领团队,不舍昼夜,奋战 40 余天,圆满完成学校交付的 MEM 评估材料准备。

扎根讲台,传道授业

三尺讲坛倾情培育,四季晴雨诲人不倦。潘尔顺是上海市重点课程和上海交大优质在线课程负责人、工业工程国家级教学团队骨干,也是国家精品开放课程"工业工程导论"的主讲人之一。

课程教学中,他非常注重与学生的沟通,除了知识传授、课堂教学等教学方式的互动,也包括价值引领的交流。每次课前,他都会引导学生通过线上平台预习章节内容,完成相关文献的导读,掌握先导知识。课中,他会以面对面的方式组织学生自主思考,结合文献阅读,深入单元主题,带领学生完成方法的学习和应用。课后,他则针对反馈及时答疑,完成学生评价。另外,他将制造强国、质量强国的国家战略,以及"质量第一、效益优先"等思政元素引入课堂,引导学生知国情、担使命。

教学中,潘尔顺提出了"工程问题—模型模式—方法求解—评价验证"的教学闭环架构,针对学习主动性提高、教学与专业前沿结合、理论与工程实践统一提出了混合研讨型教学模式,采用探究、案例、项目、互动多元化教学,旨在全方位提升学生的知识、能力和素养。

通过深化课程改革,提升教学效果和人才培养质量,潘尔顺先后 6 次获市、校级教学成果奖(包括 3 次一等奖),十余次个人教学奖。

以学立身,博学笃行

潘尔顺不仅是一位教学成果卓著的好老师,更是一位以质量为先的科研人,他始终坚持一流学术是育一流人才的基础。近年来,围绕质量与可靠性研究方向,他先后提出基于在线实验设计的工艺参数优化、高可靠性产品退化建模和寿命评估等方法,推动大型齿轮、运载火箭等一致性与可靠性提升。他注重加强与企业的合作,解决重点领域生产实际问题,如承担大型飞机移动生产线关键技术,为我国大型飞机高效制造提供支撑。围绕航天批产能力提升,提出了单元制造模式并在航天系统进行推广应用,对于推动我国航天产品批产能力作出了积极贡献。

潘尔顺先后主持 1 项国家重点研发计划,5 项国家自然科学基金项目,3 项工信部智能制造专项子课题等 40 余项课题;发表学术论文百余篇,其中 SCI 论文 60 余篇。出版《生产计划与控制》《优质制造》等教材和专著,研究成果先后获上海市科技进步奖一等奖、中国质量协会技术一等奖。

作为制造强国重大咨询课题骨干,近年来,他走访调研航空、航天、电子制造等重点领域百余家企业,形成《中国制造质量状况分析》《优质制造发展战略研究》等研究报告;参与了中国工程院、中宣部等 10 多项国家级咨询项目,包括"中国制造 2025""中国标准 2035"等。在交大团队的共同努力下,"质量强国"成功上升为国家战略,被写入两会政府工作报告。

坚守讲台二十余载,潘尔顺始终将"教书育人"当作第一职责,育人上不忘初心,学科上潜心耕耘,教学上改革创新,科研上敢为人先,真正做到"痴心一片终不悔,只为桃李竞相开"。

王德忠：做一名踏实的"教书育人"践行者

【名师名片】

王德忠，上海交通大学 2021 年"教书育人奖"二等奖获得者。上海交通大学机械与动力工程学院长聘教授，核电技术与装备工程研究中心副主任。长期从事核电泵阀安全分析与评价、辐射探测与防护，核素扩散等相关研究。所主讲"辐射测量与防护"课程先后入选新华思政平台优秀课程案例及上海市重点课程建设项目。近年来，主持国家核电重大专项，国家自然科学基金重点项目，973 等多项课题。获评国家能源局核电泵阀和关键部件国产化突出贡献奖和上海市优秀技术带头人等荣誉称号。现担任中国核工业教育学会副理事长、中国核学会辐射防护委员会理事、《辐射防护》学术期刊编委等。

【名师名言】

■ 教书与育人并重才是一名合格的教师。

■ 教书育人是良心活，是一名教师最基本的职责。

■ 教师应该以身作则，以良好的学术形象和道德形象为学生树立典范。

1991 年,王德忠怀着"求一等学问"的梦想走进交大校园,博士毕业后他选择留校任教,在三尺讲台上挥洒青春和汗水。从未及而立到年近花甲,从科研报国到育人强国,他砥砺奋进,践行师者"教书育人"的神圣使命。

对教学精益求精,对学生言传身教

27 年来,王德忠始终站在教学第一线,主讲本科生专业基础课"辐射测量与防护"、研究生专业基础课"现代辐射测量及应用"以及通识课"辐射及应用"等课程。他坚持教学精益求精,对团队老师谆谆教诲,"作为老师,我们一定要保证每个知识点的准确性";"假如有一桶水,你可能只表达出一碗水,而学生可能只接收一杯水,要不断提升自己,才能教好学生"。

王德忠不断创新授课方式,与时俱进,以育人成效为导向,以学生成长为中心。他风趣地提出教学方式的三个层次:第一个层次,让学生"吃饱",老师仅是为了满足教学工作量,不论教学内容的结构合理性;第二个层次,让学生"吃好",这要求教学内容合理搭配、"营养均衡",以学生为中心,提升学习效果;第三个层次,让学生"觉得美味",让学生"爱吃""想吃",教学过程中图文并茂、多种模式传授知识,翻转课堂,让学生爱学习、想学习、会学习! 对此,他力争做到第三层次,每一页课程 PPT 都跟教学团队反复打磨,站在学生角度去备课,仔细设计每堂课的内容与教学方法,课堂上与学生积极互动,激发学生思考,课堂气氛热烈和谐。

王德忠完成了"辐射测量与防护"课程 MOOC 制作,采用线下线上结合的方式,为同学们提供多途径、全天候的学习平台;在严谨编写、反复论证之后,他完成了本科生教材《辐射测量与防护》,高等教育出版社即将出版;同时,"辐射测量与防护"课程先后入选新华思政平台优秀课程案例及上海市重点课程建设项目。

享受授课"知生常乐"、潜心育人"教无止境",这是王德忠对教学、对学生的态度。

知识与思想并进，教书与育人同行

"知识让学生具备解决问题的能力，思想为学生指引前进道路的方向"，近六十年的人生和三十三年的党龄，为王德忠积累了深厚的知识储备和丰富的社会阅历。他深知育人必先育己，做到"学高为师、身正为范、人如其名"。

王德忠善于把行业教育、家国情怀、创新意识、科技兴国等思政元素嵌入到教学与实践中，言之有物、润物无声。讲到发现原子核行星模型时，他引导学生敢于质疑，不畏"学术大牛"；讲到疫情期间辐射技术在防护服杀毒灭菌的应用时，他谈到党能领导人民集中力量办大事，为人民谋幸福、为民族谋复兴。他经常告诉学生要"学一行、专一行、爱一行"，把所学知识用到国家最需要的地方。

他培养的学生中，有人获得博士生国家奖学金，有人获得校优博提名，共同指导核专业首篇优异学士学位论文等。毕业生中，有留在本校或到麻省理工学院、密西根大学、德国尤里希研究中心等国内外知名研究机构的学术人才，也有在中国核动力院、中广核、秦山核电站等国家重点单位的产业精英，还有在生态环境部、核安全局等国家重要部门的治国英才。"为党的事业培养合格的建设者与可靠的接班人"，这是王德忠对教书育人的誓言。

做科研顶天立地，育英才核电强国

"做科研一定要顶天立地，要么做世界前沿的基础研究，要么对接国家重大战略需求"，"每个人的时间是有限的，要多做有意义的科研"，这是王德忠对科研的执着信念。

当核电厂中低放废物探测装备受制于国外时，王德忠十几年如一日，攻克软件系统与硬件设计，终于在 2020 年实现该装备的技术自主化与制造国产化，顺利给核电厂供货。当祖国需要喷水推进技术时，他扛起攻坚克难的大旗，不知疲倦，把我国喷水推进泵的效率提高到国际先进水平。为了实现 AP 系列核主泵技术自主可控，他又一次撸起袖子，勤勤恳恳，甘为孺子牛。他将自身科研成果反哺课堂教学、融入人才培养,他不断鼓励学生,勇于挑战,不怕试错,同时要将论文写到祖国大地上。

祖国终将选择那些选择祖国的人。王德忠课题组近年来主持国家核电重大专项、国家自然科学基金重点项目、军委专项等60余项,累计为企业创造十几亿的产值,培养了一批青年教师与优秀学子。他始终把科学研究与祖国需要紧密结合,攻克技术难题,践行着一名普通科研工作者、一名共产党员的初心与使命。

茅旭初：二十七载勤耕不辍，教书育人使命担当

【名师名片】

茅旭初，上海交通大学 2021 年"教书育人奖"二等奖获得者。上海交通大学电子信息与电气工程学院感知科学与工程学院副教授。上海交通大学毕业，日本东京大学获博士学位。曾任上海交大电子信息与电气工程学院仪器科学与工程系副主任。上海市教委本科重点课程"测试与控制电路"负责人。曾荣获上海交大优秀教师一等奖、上海交大教学成果奖特等奖及上海交大"唐立新教学名师"称号。

【名师名言】

■ 一名合格的大学教师应以教书为根本，以育人为己任，培养对国家有用的人才。

■ 作为教师和引路人，只要关心爱护学生，投入足够的时间和精力，与学生一路同行，定能让学生克服困难，实现人生价值。

■ 对学生来说，主动的态度、活跃的思维、开放的精神，是做好学问的关键。

在交大的任教 27 年中，茅旭初的工作可以说贯穿了学生在上海交大入学、培养、毕业的整个过程。这么多年来，他兢兢业业，勤勤恳恳，努力为人才培养作出自己的一份贡献。

与学生及家长做朋友

在教学中，茅旭初善于捕捉学生的行为，了解学生的情况，做学生的知心人。有一次，他在上"测试与控制电路"这门课时发现一名学生情绪低落，通过交流了解到该生由于刚进大学时放松学习，沉溺游戏，造成多门课程不及格，已被退学警告，学生终日沉闷，不愿与同学交流，各科学习都很困难。茅旭初便与学生长时间谈心交流，缓解学生消极情绪，劝导学生只要有信心，一定可以战胜困难。此外，茅旭初还通过课后辅导使该生能跟上学习进度，帮助该生提振信心，并鼓励该生多与同学交流学习问题。在课程结束后，茅旭初继续与这名学生保持紧密联系，让他逐步树立起战胜困难的信心，看到希望。这名学生非常信任茅旭初，学习和生活上的问题都愿意与茅旭初交流沟通。大四时该生选择茅旭初指导毕业设计，经过师生共同努力，顺利地通过了毕业设计。虽然该生由于多门功课重修而延期一年，但由于该生学习态度的改变，他最终顺利地完成课业达到了毕业要求。

茅旭初从 2008 年起一直担任上海交通大学重庆招生组组长，在十多年的招生工作中，他带领招生组成员们奋战在招生的第一线。他耐心接待考生和家长，为他们分析志愿的填报，并解释上海交大相关专业的特点和培养情况。招生组态度诚恳、不厌其烦的风格多年来在广大重庆考生和家长中赢得了良好的口碑。重庆招生组把大量的优秀生源招入交大，招生组也因此多次获得学校先进招生个人和先进招生集体的荣誉表彰。茅旭初还时时关心这些重庆籍学生在交大的成长历程，每年都要召开重庆学生交流会，了解新生们的学习情况以及遇到的问题，同时让老生们介绍在交大的学习和生活经验，鼓励他们在上海交大安排好学习生活并充实自己的各种兴趣。学生们在大学的学习期间，遇到各种问题都愿意找茅旭初交流，他总是能帮助学生妥帖地解决困难。

　　茅旭初在招生期间也结识了众多的学生家长，他和这些家长都成了很好的朋友。他在学生进校后也会经常与家长们交流，介绍学生们在校的生活学习情况，并及时对家长们反映的问题尽力提供帮助，让家长们对学生在交大的成长感到放心。

　　茅旭初说："招生组的工作不只是把学生招进来就完成任务了，还要关心他们在交大的发展。"他认为，能够进入交大的学生都是优秀学生。尽管学生在校期间可能会遇到各种问题，但作为教师和引路人，只要投入关心和爱护，投入时间和精力，与学生一路同行，定能让学生克服困难。此外，更要关注那些学习困难的学生，与他们交心，鼓励他们，使他们在交大校园更好地成长。

潜心教学，探索教学改革，精心设计专业教学体系

　　茅旭初从留交大任教起就一直工作在教学第一线，主讲多门本科生和研究生课程。为打造优质课程，茅旭初从课程结构、课程教学、实验设计等方面开展深入研究和探索。他主讲的"测试与控制电路"获评2019年上海市本科重点课程。2018年立项教育部高校仪器类教学指导委员会新工科教改项目，相关成果获得2019年度上海交大教学成果奖特等奖。

　　在2020年疫情背景下，为了开展好线上教学，茅旭初从容应对，在设备和技术、内容和形式上都精心准备。为适应在线教学特点，他凝练修订备课内容，设计互动练习、在线答题，受到学生的欢迎。他还积极设计多个在线仿真实验并在"测试与控制电路"课程上实践应用，该成果立项为2020年上海交大教改项目并顺利结题。此外，茅旭初负责策划的虚拟仿真实验"SI基本单位的量子计量虚拟仿真实验"获评2021年上海市虚拟仿真实验，并由上海交大推荐申报2021年度国家级虚拟仿真实验项目。

　　茅旭初曾担任测控技术与仪器专业的本科教学负责人共14年，多年来主持对该专业的培养目标、培养计划、课程设置、课程大纲和内容的修订工作。他积极调研国内高校仪器类专业的教学规划和教学内容，广泛听取了本专业历届毕业生和用人单位的建议，对测控专业的整体教学体系进行了合理规划和深层次

探索改进,提出构建立体化测控技术专业课程体系,培养复合型创新性仪器类专业工程技术人才,相关成果获得 2016 年上海交大教学成果奖特等奖。茅旭初经过认真准备以及对专业培养目标和建设内容的细致梳理,并夜以继日地撰写专业认证自评报告和相关材料,使上海交大测控技术与仪器专业于 2018 年顺利通过了中国工程教育专业认证,并于 2021 年获评国家一流本科建设专业。

合格的交大学生最重要的素质是具有家国情怀

茅旭初从事的研究领域是全球卫星导航系统,作为导师,他在培养本科生和研究生的过程中倾注了大量的心血,并为学生营造严谨的学术氛围,教导学生做科研要实事求是,杜绝学术造假和学术不端等行为。茅旭初鼓励学生不仅要认真学习专业知识、钻研科学技术,还要具有家国情怀,以国家利益为己任。他认为交大培养出的学生不仅要在学业上优秀,在专业技术上精湛,更要成为对国家有用的人才。

茅旭初多年来重视学生全方位的成长,他每周组织的组会学生交流热烈、气氛活跃,他也和学生们时常进行思想上的沟通。他培养出的一大批优秀的毕业生不仅成为所在单位的技术骨干,而且众多学生工作在航空航天技术部门和核基地等国家重要单位,为国家的重大事业奉献青春。指导的学生任清宇(2015届本科、2020 届硕士)胸怀大志,踏实肯干,荣获上海市优秀毕业生和上海交大校长奖,本科毕业后积极奔赴新疆马兰基地工作,并在 2015 年上海交大毕业典礼和 2016 年上海交大 120 周年校庆典礼上作为优秀毕业生代表上台发言,展示了上海交大优秀学子的风采,任清宇在 2020 年硕士毕业后回到原基地单位继续工作。指导的学生任光辉(2008 届本科、2013 届硕士)品学兼优,志向远大,本科毕业后赴西昌卫星发射中心工作,为中国北斗卫星导航系统的正常运行和监测保驾护航,硕士毕业后继续回到原单位工作,业务能力高超,专业技术精湛,多次荣获先进工作者称号,并在 2020 年回到上海交大在研究生毕业典礼上作为杰出校友代表发言,鼓励更多优秀的交大学子到祖国最需要的地方去发光发热。

龙环："广泛的优秀"才是"真正的优秀"

【名师名片】

龙环,女,博士,副教授。2009 年在上海交通大学计算机系取得博士学位。同年起在上海交通大学工作。其主要研究领域为理论计算机科学,具体包括并发理论与应用,形式化方法等。工作以来主持和参与多项国家级项目,任教多门计算机专业及基础课程。工作得到学生以及国内、国际专家的广泛好评。2017 年获上海交通大学烛光一等奖。

【名师名言】

■ 理论计算机是一个有趣的领域,从事理论基础教学也像在不断地探险:总是期待发现美好的事物并传递出去,也永远好奇未来谁能揭示出更美丽的世界。

■ 教学在我看来很多时候是一门良心活。

■ 有人说"教育的本质是爱与智慧",当你周围有一群同样理念的人,你会觉得一切都很自然和适意。

许多同学、同事和龙环初次接触往往会觉得她好像有些太安静,而一旦熟稔起来却发现她爱笑能侃。从上课的学生到团队老师,久处之后对她大都有些亦师亦友的感受。正是这样一位初看上去有些腼腆而又平易近人的女教师,在上海交通大学三尺讲台任教迄今逾十年,担任多门计算机专业及基础课程的教学。她的工作得到众多学生以及国内、国际专家的好评。

计算机老师的理论课堂

龙环眼里的理论计算机是一个有趣的领域,从事理论基础教学也像在不断地探险:总是期待发现美好的事物并传递出去,也永远好奇未来谁能揭示更美丽的世界。

关于龙环上课的状态,在上海交通大学微信公众号一篇名为《27 459 次选择! 交大名师们靠什么实力圈粉?》的文章中有这样一段描述:"这是一堂普通的计算机理论课,却吸引了大批计算机专业的学生。上课铃还没响,板书已黑压压写了一整面,教学 PPT 也布局完备。开始上课。女老师语速很快,几乎没有停顿,只在重点的部分略略加重语气。她不时用一些日常生活中的案例解释那些单调的理论知识,学生们跟着点头或翻看笔记本和平板上早已下载的课件。女老师也不点名提问,只是随着讲课的进程随意抛出问题,学生们则马上小声回答、应和或提出问题,女老师又即刻针对学生的反应做出反馈。整个过程既像是师生间短平快的学术交锋,又好似默契的思想交流。45 分钟很快就过去,学生们还在讨论课上未解决的问题,而这位老师继续站在讲台上,拿出包里的教学资料仔细查看起来……"

这门课程是计算机系本科必修课程"计算机科学中的数学基础",课程始创于 2017 年。当时图灵奖得主约翰·霍普克罗夫特(John Hopcroft)教授受张杰校长邀请来上海交通大学授课。霍普克罗夫特教授从计算机科学发展前沿出发设计了同名课程,而龙环自 2012 年起作为霍普克罗夫特教授在致远学院的课程助理全程参与课程建设和讨论。之后大家在系统总结了课程经验后开始进行教学推广并顺利在计算机系建立了"计算机科学中的数学基础"一课。该课程充分考虑计算机专业学生的未来发展需求，在课程设计中坚持循序渐进、稳扎稳打。以让学生学懂、学会、学透为唯一课程目标，执行上充分考虑如何兼顾学生的兴趣、能力和潜力。课程设计上广泛借鉴了国内外相关课程，内容上覆盖了组合数学、概率方法、随机图论、高维数据基础等知识点，课程广度和难度都较大。为了使课程内容更深刻、更具前瞻性和吸引力，龙环充分调研了包括上海交通大学在内的一些国内外大学相关知名课程的授课内容以及相关前沿科研进展，对授课内容不断优化和调整。并在课件和课后作业设计等方面做了大量工作，使课程整体保持一个逐年平稳递进的状态。学院和学校组织的多次课程调研表明，学生对这门课普遍喜爱和认可。

非常有趣的是，计算机系相当一部分本科生初始正是出于对"计算机科学的数学基础"这门课程的喜爱，而进一步选修了龙环接下来的专业课程"计算理论"。这是从事理论计算机研究的入门课程之一，包括自动机理论、可计算理论、复杂性理论等方面。龙环认为这门课对计算机专业的学生很重要，虽然内容上相比前一门课程更抽象或者难一些，但是"学透后看很多问题的角度和高度会不太一样"。龙环坦陈这门课她借鉴了同实验室陈翌佳教授的"讲义"："我觉得他的很清楚。2021年6月在上海几个高校搞了个'计算理论'教学研讨会，大家一对线发现不止一个人借鉴了陈老师的资料。大家都很感谢他。"

"计算理论"课程虽然难度更大，但坚持完成课程的学生对这门课程的评价普遍很高，甚至高于历史更久的"计算机科学中的数学基础"。龙环说她最高兴的是有数位学生陆续在结课几个学期以后反馈说他们因为这门课开始尝试在研究生阶段从事理论计算机方向的研究。理论计算机无疑是计算机科学研究领域中的一块"硬骨头"，但这也正是我们同欧美等国家相比有较严重差距的领域，能为这个领域吸引到一批踏实、努力、聪明的学生是很有成就感的一件事。

龙环说："当老师最高兴的无非是看到学生在自己的帮助下成为了更好的自己。"大学阶段知道自己真正想要做什么、可能能做好什么，是一件非常棒的事。

教学是一门良心活

关于什么是优秀的教学,不同的人会给出不同的答案。在龙环眼里答案简单而又复杂:"教学在我看来很多时候是一门良心活。"虽然她获得了一些教学方面的认,可但她仍有些固执的认为一门课是否拿 A 或奖励没有那么重要:事实上 B 站、COURSERA 等各种平台上很多非常好、非常知名的公开课也没人去给他们评什么奖,但这些课却实实在在地启迪和帮助了成千上万的人,而这就是对课程和老师最大的肯定。龙环下课后经常会回想上课过程看是否达到预期,回忆中无论发现好坏都坦坦荡荡。有时回想发现之前有没讲好的地方,她便会在下次课上给学生道歉然后完善。"事实上我从来不觉得自己多么优秀,但我真的觉得交大的学生普遍很优秀。虽然力量微薄但总想要努力去保护学生们对世界的好奇心和探索欲。"在龙环眼里,与学生相处是一个教学相长的过程,老师和学生互相成就:"有几次学期结束学生突然集体起立给我鼓掌,我这种时候的感觉就是感动又惭愧。心底的想法就是应该是我感谢他们:感谢他们的纯真和坚持,感谢他们包容一个并不完美、紧张时甚至还会忘词、笑场、写错字的不够成熟的老师,感谢他们陪伴我成长为一个更好一点的人。"

关于现今社会中的教学评价体系,龙环也谈了她的一些看法。目前关于教学评价和奖励有很多不同的度量,上至国家下至院系都越来越重视教学而设立各种奖项竞赛,她认为这些竞赛和评比是鼓励教师的形式而得奖并不是目的。她说:"教学质量和人类感情一样,都是难以被量化的。"事实上,"质胜文则野,文胜质则史,文质彬彬,然后君子",教学中其实也是一样的道理:有些时候过分注重各种表面材料和数据,结果文过饰非反而对教育产生不好的影响。对大学授课而言,第一等重要的应该是老师对课程内容和领域的通透程度,"贤者以其昭昭使人昭昭",真正通透了自然知道最合理的大纲乃至细节应该是什么样。但这很考验教师的良心。一个众知的例子是美国麻省理工学院的吉尔伯特·斯特朗(Gilbert Strang)教授的"线性代数"课,其清晰优美至文字无法陈述,唯有认真听过才能表达对知识和对他老人家的敬意;其次才是授课方式:"无他,但手熟尔。"通过勤学苦练、多听多讲、多学多改，最终会形成自己的个人风格。

"大学之道，在明明德，在亲民，在止于至善"。但"善"是无法被准确度量的。无法度量的部分更要做好，这就要"靠良心"。

教书育人：功成不必在我

龙环常说如果一定要说优秀，那么更优秀的是她所在的集体。她认为自己很大程度上是受到了大家不断的影响和鼓励。在高可靠软件与理论研究所，几乎所有人都把教学工作做得非常好。同组几名教授的课程在交大计算机系乃至其他学校计算机系有口皆碑的"神课"；各位年轻老师的课程也大都广受好评。龙环说："就我最熟悉的几位理论所老师来说，傅育熙教授为了备'计算复杂性'课，参考了几乎所有的计算复杂性理论的教材和专著。课程反复锤炼、精益求精，仅讲义就反反复复大修了七、八年，并独立撰写了一本计算复杂性理论教材。陈翌佳教授理论类课程授课范围的广度、授课内容的深度、授课水准的高度都是我所见过的最好者之一。朱其立教授是我的授课导师，他的英文课挥洒自如、各种知识信手拈来。张驰豪老师每每上课前会在咖啡馆反反复复琢磨和排练授课细节，认真到极致。多米尼克（Dominik）老师的课堂感觉就是在享受一场活泼深刻的知识盛宴。如此种种、不一而足"。在龙环看来，比她资深和优秀很多的老师们都在默默地做好教学工作，大家都觉得这是一件非常自然而又非常重要的事情。她说："你会觉得是一群纯粹的人在努力做好一件本就应该很纯粹的事。正是这种纯粹会让人觉得很感动。"龙环特别提到，约翰·霍普克罗夫特教授早年在上海交通大学青年教师培训班上曾反复强调做一个老师最重要的品质是"爱学生"（'love the students'）。"约翰过去常常告诉我，当老师应该选择做对学生最好的事、而不是对自己。"龙环等人都对此非常认同。有人说"教育的本质是爱与智慧"，当周围有这样一群不同身份、不同年龄、但持同样理念的人，龙环觉得一切都很自然和适意。

在学生培养方面，龙环协助理论计算机团队培养了多位博士毕业生，这些学生毕业后大多进入高校或科研机构工作。"我和这些学生关系非常好，互相之间很信任。学生毕业后还经常来感谢老师们。但其实我心底里一直非常非常感谢他们,感谢大家共同奋斗、共同成长的时光,这都是很宝贵的经历。"龙环说,"大家都说是老师帮助了学生,但是我觉得很多时候其实是学生们治愈了我。我觉得我就是一个挺普通的老师,对工作对同事对学生,无非认真一些、耐心一些。但这都是我的本职。"

无论从学生培养的角度还是老师之间互相影响、互相帮助的角度,都应有"功成不必在我"的见识和胸襟。作为老师希望学生青出于蓝而胜于蓝,发掘更广阔美好的未知世界;作为同事希望优秀的同事们都能脚踏实地、砥砺前行、获得成功。龙环觉得交大各单位里类似这样的老师还有很多,而正是大家的帮助和支持才有这次的机会,为此由衷感谢。

我们相信在这种良性文化氛围下孕育而生的"广泛的优秀"才是有生命力、可持续的。而正是持之以恒、迭代传递的优秀,一群人乃至几代人的优秀,才真正是中华民族巍然屹立于世界民族之林的坚实保证。

章璞：这个舞台虽小，却要焕发光辉

【名师名片】

章璞，上海交通大学数学科学学院特聘教授。从教30年全身心投入教学科研。抽象代数获国家一流本科课程；基础代数学获校荣誉课程。践行"喻生活之原理，持研究之思想"教学方法。主编教材入选国家重点图书、中科院指定考研参考书、教育部"研究生教学用书"。指导研究生53名，多人成为教授、优青、洪堡、优博。获宝钢优秀教师奖、上海市育才奖、"凯原"十佳教师。

【名师名言】

■ 物理与事理相通，数学思想与生活原理相融。"喻生活之原理"，就是要高效地讲清抽象的概念、思想和方法，并融入教书育人的元素。

■ 针对创新性研究，例子是黑夜中的灯塔；对教学而言，它是深化理解的良方。

■ 教学需遵从认知规律。对专家习以为常的关键，对初学者则要深化强调，不要轻描淡写。

"这个舞台虽小,却要焕发光辉"是章璞《伽罗瓦理论》扉页的话。他常对学生说,要饮水思源,感恩党和国家,感恩学校,我们平凡,也要立足岗位为国家社会做贡献!从教30余年,他每年为本科生、研究生上基础课,主讲过课程十余门。立德树人,教书育人,他以为中华腾飞而学习与同学共勉,激励他们攀登高峰。

"喻生活之原理,持研究之思想"

近十几年,章璞主要为致远和数学学院主讲本科生必修课"抽象代数"和研究生公共课"基础代数学"。"抽象代数"最大特点是"抽象",它源于高度概括、便于广泛应用;同时,也被认为难学。他根据学科发展,反复修订大纲,优化处理教学内容。

他秉持"喻生活之原理""以问题为导向""持研究之思想"的教学理念,用生活中的原理,类比阐明难懂的抽象概念,深入浅出、化难为易;凝练核心问题,以此组织概念、思路、定理获得、应用总结、互动提高等环节,精心安排要难点的讲解方法与时间;将研究精神和探索乐趣、历史和人物,自然地融入教学,激励学生"再思考"与"改进"。他将此教学方法落实到节点;追求更优的顺序和证明,突出核心,提高效率;体现前沿、高阶、挑战度,很大程度上提高了学生的兴趣、创新精神和成绩。他还遴选了"群与对称性""群作用与项链问题""中国剩余定理与秘密共享""有限域上线性代数"等专题,讲授在物理、几何、数论、组合、编码、计算等分支中的应用,化抽象为具体,加深了学生的理解。学生留言:"永远忘不了章老师的项链问题。"

章璞与冯克勤、李尚志教授合著的教材《近世代数引论》和配套的《近世代数三百题》印刷达几十次,被多所重点大学采用,入选"十二五"国家重点图书、中科院指定考研参考书;他与刘绍学教授合著的《近世代数导引》入选教育部数学系列简明教材,成为多所师范院校的指定用书。他主讲的这门课入选了首批国家一流本科课程。

不忘育人初心

章璞运用课程中思想方法,以历史明事理,用人物启慧心,寓思政于教学。在诸如同态、中国剩余定理、正规扩域、长正合列等教学中,他注入"步调一致""文化自信""不脚踏两只船"以及"当天的事当天完成"等元素。

他提出在教学过程中高度重视四个方面,并融于教学全过程:一是持久的动力,就是要明确为国图强,发现科学问题的乐趣,追求解决问题的欢愉,享受长时间高强度的工作;二是学风方法,就是要每一步都弄懂,不懂就讨论,要回味总结整体思路;三是转变观念,就是不止于弄懂,要提问、改变、创新,鼓励"多思考、多质疑";四是表达写作,从本科生的作业,到研究生的学术报告和论文写作,将每一步想清、写清,整体布好局。

章璞已指导研究生和博士后53名,都成为对国家的有用之才。其中13人已成为正教授,1人获优青,1人获中科院卓越研究计划,2人获市优博,2人获洪堡学者。

他以大爱之心激励、解惑,为学生的健康成长引路指向,为提高学生的创新思维不断反省与改进自己的工作方法。把研究的体会和探索精神与学生分享,感染学生;将科研成果应用于教学,化解困难,尽快入题。他相信,比技巧更重要的是治学的态度和精神,热爱与激情。

以学生的成长为中心

章璞热爱教学,认真负责,重视认知规律,因材施教。对优秀生,他专门提供教辅,鼓励他们从计算例子开始做研究;发现学生的好想法,让他们上台讲,交流鼓励;他喜欢实数域上有限维可除代数的 Frobenius 定理,重新证明发给学生,当有学生认识到"无限维代数也可认为是数系的发展",他予以肯定和鼓励;他在指导研究生过程中,注重帮助每位学生选到对自己合适而重要的问题,更鼓励他们独立找到前沿课题。

2006 年，章璞遇到我校电院一位数学天赋很高的同学，他希望做章老师的学生。在指导这名学生做完本科毕业论文后，章璞却鼓励他报考一位著名数学家的研究生，这位同学两门数学课都近乎满分，但英语离基本线还差很多。章璞的专门推荐使这位同学最后被录取。这位同学目前已成为知名教授、国内优秀的青年数学家。

为让学生进入三角范畴，章璞历经十几年完成《三角范畴与导出范畴》，席南华院士称之"填补了国内的空白"；为本硕连通，尽早让本科生接触前沿，他与冯克勤、李尚志合作，只用线性代数写成《群与代数表示引论》，被教育部推荐为研究生教学用书。为加强范畴论基础，他与吴泉水合作，首次将同调代数在 Abel 范畴上写出，完成《基础代数学讲义》，这都成为国内代数学的基本教材。他的研究生在此方向的研究成果也较为丰硕，发表在 *J. Algebra* 等重要期刊上。

在分管数学系本科教学时，章璞曾花费大量时间，与同事系统地梳理全校公共数学和数学专业的课程设置，并编撰成书，后续国内许多高校闻讯前来交流研究；担任致远项目主任时，他协助鄂维南院士制订数学课程，联系 Claus Michael Ringel 院士为学生开设课程并写推荐信。Ringel 教授也成为数学学院国际化办学的讲席教授。

以科研促教学

章璞长期研究代数学，发表论文百余篇；主持过国家杰青、重点与面上项目多项；担任 *Science China Math.* 等杂志、《10 000 个科学问题》等辞书编委；并任国际合作国际纯粹与应用数学中心 CIMPA、国际代数表示论大会科学委员会 ICRA 委员。他要求自己，一方面科研上要不断有所创新，保持高水平的教学科研水平才能高效地指导学生；另一方面要发挥专业特长改进教学，特别是穿透性的处理方法。

伽罗瓦理论以开创性思想，将千古难题转化而得以解决，被公认为数学中的精品，更是抽象代数课程的巅峰。20 世纪最重要的数学家之一 H. Weyl 说"伽罗瓦的论述在好几十年中一直被看成'天书'；但它后来对数学的整个发展产生愈来愈深远影响。如果从它所包含思想之新奇和意义之深远来判断,也许是整个人类知识宝库中价值最重大的一件珍品。"大数学家 A.Weil 说:"现在大家都充分认识到伽罗瓦理论的重要性,每个严肃认真的数学大学生应在头几年教育中就了解它。"

学生要学的东西越来越多,而学期学时又在缩短。目前国内仅少数重点大学在本科阶段保留这部分内容,且往往另开新课,或成为研究生课程。章璞长期实践,系统梳理,在伽罗瓦扩张的多种定义中,选定通往伽罗瓦大定理的最快途径;通过加强同构延拓、改进其应用,重塑了经典内容,仅用 8 课时讲清该理论。他每年在吴文俊班和致远学院坚持讲授这一理论,使我校成为本科阶段讲述伽罗瓦理论的少数学校之一。学生留言道,"对伽罗瓦理论的魅力有了深入理解,对其解决问题的能力感到惊奇""章老师的抽象代数非常有条理,让我对伽罗瓦理论有一个非常全面的了解""章老师的课真是令人印象深刻,绝对是听过最好的课之一。"

这项教改的成果以专著《伽罗瓦理论——天才的激情》的形式,于 2013 年在高教社出版后多次重印,章璞也受国家数学天元基金会邀请,多次在全国暑期学校主讲;该书的序言收录在丘成桐先生主编的《数学与人文》丛书第 21 辑。

张跃辉：助交大学子从数学的天空飞向世界的舞台

【名师名片】

张跃辉,上海交通大学 2021 年"教书育人奖"二等奖获得者。上海交通大学数学科学学院副教授,桥牌协会副会长兼教练。北京师范大学毕业,理学博士。曾任宁夏大学数学统计学院院长、海南省数学会常务理事、天津市数学会理事,现任中国教育数学会理事。2017 年当选上海交大"凯原十佳教师"。

【名师名言】

■ 数学的世界是在我们心里的。

■ 如果您希望为自己的心灵寻找一块永恒的净土,就请读一本数学书,因为数学是人世间真正的永恒!

在交大闵行校区美丽的校园里,张跃辉没什么引人注目的特点,如果硬要找一个,那就是他的光头了。不过,大多数交大理工科的研究生也许都隐约记得张跃辉这个名字,因为面上研究生"矩阵理论"课程使用张跃辉老师编著的《矩阵理论与应用》已经超过十年了,2013年该教材获得上海交通大学教学成果一等奖。2017年张跃辉以第二高票入选"凯原十佳教师",这个主要由校团委和研究生会发起的奖项,可以看作是交大研究生对其主讲"矩阵理论"课程十年的高度认可。

思维开花的线性代数课堂:1大于0吗?

2017年秋,张跃辉被数学科学学院指派为新生主讲"线性代数"课,这是数学专业最重要的两门基础课之一。张跃辉有一则座右铭"误人子弟,罪莫大焉",蕴含了对自己严格的要求和对学生的殷切期盼。线性代数课大多数在早上一二节,他总是早到二十分钟甚至半个小时,而每次课后,他总要等到大家都走了才走,为想问问题的同学留足时间。每次考试后,他都会把同学们一一请到办公室,对每个人的试卷认真点评、听取意见、征求建议,然后在下一节课毫不留情地检讨自己教学的不足,并继续鼓励学生:一定要多花时间泡图书馆,同时注意身体,无论你多恨线性代数,下个学期都要继续学!

张跃辉耐心的教导配上顽童般的潇洒语气,让学生将抽象的线性代数看得越来越清楚,也越发觉得神奇且有趣。经过他的谆谆教诲,学生的数学思维能力得到了质的飞跃。

张跃辉有一句爱不释口自嘲为"老张名言"的顺口溜能够深刻反映他的教学理念:"几何+代数,神仙挡不住。"他曾一遍又一遍追问他黑板上画的是不是直角,他热衷于让学生定义新的运算,"1+1当然可以等于3啊!"他让学生往更广阔的方向开拓思维:"线性代数是人类智慧的结晶,靠的是思考啊。"在这样一位注重抽象思维的老师的带领下,学生一边不由得感叹着线性代数这门学问真是深不可测,一边又被其无比精彩奇妙所折服。只是加法与数乘,只是从那零矩阵开始,一步一步,思维就能开出花来。

张跃辉对所有学生都有无微不至的关怀。数学科学学院 2017 级本科生陈思佳回忆："我坐在第一排，被张老师抽过不少问题。第二次考试结束的时候他递给我一张纸条，上面赫然写着：'陈思佳：头要抬高一点，写字时。'虽然我很难纠正这个习惯，但这丝毫不妨碍我感动不已。"像个顽童的张跃辉在学生眼里为何如此迷人？因为他对学生永远都怀有一颗赤子之心，他平易近人，幽默风趣，给学生留下深刻印象。

张跃辉的前瞻性教学打破了学生对数学的定势思维。他在讲正定矩阵时的第一个问题绝对出乎意料：1 永远大于 0 吗？这是考小学生嘛！然而他的下一句话顿时让所有人语塞：能否试证明 1 在复数域中大于 0？你还真的证明不了！他接下来的话则让所有人眼界大开：复数域的大小关系是被誉为"有序代数第一问题"的著名公开问题，1956 年由时任美国数学会副主席的美国科学院院士 Birkhoff（伯克霍夫）和 Pierce（皮尔斯）提出，至今 60 余年，依然真假难辨！

2017 级本科生徐志鹏被张跃辉抛出的"有序代数第一问题"深深吸引，于是一周两次午餐讨论，两周一次黑板演算，两年后的 2020 年他们的合作论文发表于该领域著名国际期刊 *POSITIVITY*。

辐射全国的通识核心课程：数学的天空

张跃辉和两位年轻同事李吉有、朱佳俊著有一本名为《数学的天空》的书，扉页上张跃辉简介里的一句话可以佐证其对数学的热爱发自肺腑："年过半百，一事无成，唯鼓吹数学义无反顾。"《数学的天空》配套交大同名通识核心课程。选上这门限报 40 人的课程是交大最难的事情之一，因为排队报名的人永远十倍于限选名额，选上这门课需要持之以恒的坚韧意志。学完"数学的天空"的同学真是幸运，因为"数学的天空是交大最值得上的选修课"，是"最不水的选修课"，点燃了一个又一个学生追求数学梦想。2018 级本科生周顾深入钻研了《数学的天空》中诺奖主题"耗散结构"和"准晶"中的计算问题，激发了对计算数学的强烈兴趣和学习热情，该同学后来获得了 2021 年丘成桐大学生数学竞赛应用与计算数学类银奖，这是我校首次获得该奖银牌。2018 级本科生白志威深入钻研了

《数学的天空》中诺奖主题"稳定婚姻""民主选举"和"混沌"中的数学建模问题，增强了对数学建模的学习兴趣，获得了 2020 年全国大学生数学建模竞赛一等奖。

张跃辉首创于交大的《数学的天空》早已红遍全国。他已应邀在全国近四十所高校（包括清华大学、北京大学等十余所双一流高校）、教育科学研究院和中学作五十余场《数学的天空》科普报告，其中疫情期间为宁夏大学、宁夏师范学院、北京大学出版社、国际加德纳数学聚会、上海交通大学附属中学嘉定分校、吉林师范大学、湖南师范大学等作在线报告多场，总听众超过一万人次。他于 2020 年 6 月 20 日在北京大学出版社"博雅大讲堂"面向全球的在线报告"《数学的天空》之数学就是生活"，于 2020 年 8 月 24 日入选中央宣传部"学习强国"App，至今已播放超过十万次。

因《数学的天空》在国内产生的广泛影响，张跃辉老师应邀于 2019 年 7 月 28 日在第九届全国数学文化论坛学术会议上作大会报告"《数学的天空》之黎曼假设"，2021 年 7 月 22 日在全国教育数学年会上作邀请报告"上海交通大学通识核心课程《数学的天空》简介"，2021 年 8 月 4 日在第十七届全国数学建模教学和应用学术会议上作邀请报告"数学建模与课程思政"。2019 年，《数学的天空》获得上海交通大学教学成果特等奖；2020 年，课程入选上海市重点教改项目。2021 年，入选上海市重点线上线下混合课程。

张老师在"数学的天空"课堂上金句不断："代数+拓扑，上山打老虎。""世间果有永恒之事吗？地心说被日心说取代，日心说被银河系颠覆，以太说引力波光怪陆离，科学永恒吗？""人世间确有永恒之事：平方和定理永恒！四平方定理永恒！如果您希望为自己的心灵找寻一块永恒的净土，读一本数学书，因为数学是人世间唯一的永恒！"

英才辈出的本科研究项目

熟悉张跃辉的人都知道，这个永远都是激情满满活力无限，并将大量心血投入教学科研，几乎将所有周末和节假日都奉献给了同学们的老师，其实已年过半

百。近几年来,张跃辉共指导了9个PRP项目和5个大学生创新项目:

2019年,张跃辉指导的一个PRP项目获得校优,一个大创项目获得上海市资助。

2020年,顾斯嘉同学在张跃辉指导下获2020届数学科学学院优异毕业论文;他指导的又一个PRP项目获得校优,又一个大创项目获得上海市资助,3个大创项目撰写了英文论文并投稿。

2021年,张跃辉用他在全校通选课"桥牌与博弈论"上创造的最新桥牌理论,代表学校夺得上海市九运会桥牌团体铜牌,他和搭档王成老师成绩高居个人第一。他为通选课"桥牌与博弈论"撰写的桥牌理论著作《桥牌的数学定律》即将由科学出版社出版。

在他的指导下,2017级本科生徐志鹏获得2021届校优异毕业论文。

张跃辉对学生十分友好,同学们都喜欢在他的指导下学习、钻研。目前,他指导20位各级本科生的4个PRP项目和2个大创项目。

叶芳伟：教材为学终身事，博笃庄严亦吾师

【名师名片】

叶芳伟，上海交通大学 2021 年"教书育人奖"二等奖获得者。物理与天文学院长聘教授，博士生导师，学校教学督导。2010 年入职上海交通大学，11 年来始终扎根本科教学一线，从事基础物理理论及实验教学，首次开设英文专业前沿类课程"纳米光子学"，其指导的多名研究生获得国家级、市级和校级各项荣誉和奖励，本人在第二届青年教师教学竞赛中获得二等奖。他带领的课题组科研成果斐然，多次获得媒体的关注与报道。

【名师名言】

■ 物理学的美在于它总是以最精简的语言囊括最为广泛的内容。

■ 世界上的美有两种，第一种美就是深刻动人的物理方程。

■ 你某天早上起来，拍拍脑袋说，我要去建立一个伟大的物理定律，然后你开始坐在某个地方苦思冥想。这是不行的，你应该去实验室做实验，或投身于各种生产实践。你去做实验，不断地做实验，忽然，某次实验中出现了一个现象，那个现象用现有理论都没法解释，那么，恭喜你，你要推动物理学的发展或变革了！

他是超额高质完成教学任务的勤劳标兵,他是主动改良育人课堂的创新先锋。他以极大的热忱和责任感常年坚守在教书育人的第一线,竭尽所能为学生提供最好的资源及帮助。新课程在他的运筹中开展,新视野在他的讲述中被洞见,新的机遇在他和学生的共同努力中被创造。他就是上海交通大学 2021 年"教书育人奖"二等奖获得者——物理与天文学院叶芳伟教授。

力学如耕,薪火相传

叶芳伟在学生群体中绝对是一位有口皆碑的老师。自 2010 年入职起,他每一年都自觉地超额完成课堂教学任务,赢得了学生们的一致好评——要知道,新入职三年内的老师,教学工作量按规定是可以减半的,但他始终对自己高标准、严要求,认真备课,兢兢业业地坚守在教学岗位上。

十年的教学生涯让叶芳伟积累了丰富的教学经验,他不断突破自己,循序渐进地承担着物理学的各级各类课程:"大学物理"的理论课、"大学物理实验"的面授实验课、为致远学院数理专业学生开设的"物理学引论"课、为学院本科开设的"非线性光学"课、为研究生开设的专业前沿课"纳米光子学"、为全校师生设立的公共选修课"现代物理与天文专题(量子类)"……琳琅满目的专业课程几乎覆盖了物理学科的不同研究方向,在层级递进的合理安排中,叶芳伟不断更新迭代着自己的知识体系,与此同时全情为学生们奉上丰富的学习盛宴。

叶芳伟秉持着与时俱进、多维互动的创新教学理念,摒弃了传统的照本宣科式的授课方式,通过提问、启发,循序渐进地引导学生深度学习。理论基础是重要而枯燥的,要让学生彻底理解重要的物理概念和规律,在教学过程中一定要择取适应年轻人性情和思维方式的方法。因此叶芳伟以科研促教学,抓住能够激起学生兴趣的痒点和痛点,再以此为基点讲到知识的具体运用和学科前沿,真正有效地将"夯实基础"和"开拓视野"两个教学目标紧密结合在一起。

为了激发学生的学习兴趣,叶芳伟在教学工作上可谓是绞尽脑汁,上下求索。为了能让知识在学生的脑海里留下更深刻的印象,他在每次课堂教学中都会设置一个 Highlight(重点),要么是别具震撼力的"神秘"现象或是某个幽默的实验故事,在攫取住学生的课堂注意力的同时,种种晦涩难懂的物理概念和规律也在自然轻松的氛围里悄然入耳,让学生们印象深刻。此外,他的课堂演示实验也丰富多彩,别开生面。在"电磁感应"的教学中,他自己设计了实验,并让同学们近距离观察磁悬浮现象,甚至在理论课堂的课后,也能在和老师的交流中,亲自动手来"玩一玩"。在"电容器"的教学中,他紧密联系生活实际,告诉大家,很多原理所产生的现象并不令人感到陌生,譬如电闪雷鸣并不是天神的力量,而是地球和高空电离层组成了一个巨型球形电容器,这个电容器在充放电的时候就形成了蔚为大观的大气电流,在对这样情景的想象中,学生们很快能理解和记住有关"电容器"的种种知识和相关链接。

叶芳伟还喜欢把课堂教学与学科前沿紧密联系在一起:讲"折射率"就引申到"零折射率材料,负折射率材料",讲"双折射"就引申到"双曲材料,超透镜(hyperlens)",讲"黑体辐射规律"就引申到"热管理,辐射冷却(radiative cooling)"等等。科技本身就是一种进步的生产力,掌握前沿动态是成为研究者的必经之路。他鼓励学生疑而有思,继而发问,挑战自我,不断提出有深度的问题,尤其是能让老师"一愣"的新问题。面对学生提出的问题,他总是会躬身聆听,并给予认真回应,有时甚至是热烈的探讨。他把这些学生们的疑问记录成册,供所有学生和后来者参考。

业精于勤,行成于思,叶芳伟以贵而有恒的治学精神带领莘莘学子走进绚烂浩瀚的物理世界。

且行且悟,功夫始成

学习是有微妙的加速度的,传道授业的本领也是如此。随着叶芳伟课程质量的不断提升,学生选课人数也逐年稳定上升。墙内开花墙外香,优质的课程不仅在本院学生群体中是香饽饽,也吸引了对物理颇有兴趣的外院学生们前来旁听。2020年,叶芳伟对标普渡大学、斯坦福大学的相应课程,在上海交大开设了专业前沿课"纳米光子学",该课程有36位学生选修,成为学院人数最多的选修课程。

叶芳伟在创新课程的同时,每年在相应课程中还与时俱进地加入领域内最新的重要发展,确保课程内容与时代紧密结合,不落入形式主义的窠臼。考虑到选课的学生中有外籍人员的加入,自2017年起,他将相应课程的课件、作业和授课语言改为全英文,不仅便利了少数外籍学生,也让中国学生不断提升自己的英文学术水平。

在课程研究中,叶芳伟也在思考着更好的教学方法,他企图以"点线面"结合的知识体系为纲,去表达清晰的教学思路。如《纳米光子学》课程覆盖微纳光学的三个研究方向(光子晶体、金属光学、超材料)上的内容,他通过梳理找到了"色散关系"这条红线,将看似繁杂松散的课程内容有机串联,并在课程开始增加了"色散关系面面观"两课时内容,为全课程的学习起到了提纲挈领的作用。

作为学院研究生课程的督导老师,他关怀学生思想状态,有意识地将思政知识与专业知识有机结合起来。每每谈及中国物理学者在领域内的卓越贡献,叶芳伟总是内心澎湃,感慨良多。在物理领域,我国科研者们筚路蓝缕突破局限性的奋斗之路成为叶芳伟课堂中施与学生们的精神养料。

在过去的三年时间里,学生们对叶芳伟的各项评教均为"优秀"。在第二届青年教师教学竞赛中,他也载誉而归,荣获二等奖(第二名)。一个人诸身所获之荣誉离不开载起荣誉的真才实学与切切实实的第一手经验。叶芳伟不把教学任务当行活的态度,不断为自己设置更高目标的精神追求,才是他课程建设充满成效与魅力的活水之源。

丹心沃新苗,桃李满天下

层台垒土,渐行渐近。随着教育等级的不断上升,叶芳伟对教育教学的控制也更加严格。为了实现精细化一对一培养模式并保证其效率,他严格控制课题组规模,所带研究生不超过5人的体量,由此确保至少一周就能和每位学生进行2次面对面的沟通,以及时了解项目进展情况,掌握学生思想动态。

在他悉心的指导下,多名博士生研究生以第一作者身份在 *Nature*、*Nature Photonics*、*PRL* 等国际高水平期刊发表了相关论文,这在同期课题组中,实属傲人的育人成果。他一再强调，"研究生才是科研主力军"，课题组的科研成果和荣誉是研究生和导师共同奋斗的结果，不能自己居功。

叶芳伟培养的 8 名博士生中已有 2 人赴海外名校继续深造，4 人在国内高校和科研机构继续教育事业，2 人在知名企业从事研发工作。在他带的硕士生中，1 人获得研究生国家奖学金，1 人获得区域光纤国家重点实验室奖研金特等奖；2 人获得上海市优秀毕业生，1 人的研究成果荣获上海市优秀博士论文；3 人获得上海交大优秀毕业生称号，1 人获得上海交大学生年度人物，1 人获得王大珩高校学生光学奖，1 人获得交大第五届学术之星称号。浩繁的荣誉不是朝夕间可一蹴而就的，叶芳伟因材施教的指导方式和全方位跟踪式的精细化培养给学生不断奋斗的动力和十足的信心。同时，在平时教学中，他对学生博学笃思的启迪，也让他们养成了自觉学习，不断深究的好习惯。

叶芳伟的课题组是新闻媒体报道的"常客"，在《自然》杂志发表的有关"旋转晶格中的'定光魔法'"的成果曾在学科和校际引起广泛的关注和讨论，团队首次发现了一种全新的异于之前熟知的各类物理局域机制的相关成果也获得了国际专家的认可，学生们也在这些成果的取得中收获了个人的荣誉与进步。

叶芳伟对研究事业的严谨与热爱，与其对一线基础教育的热情是同向而行的。他在教育岗位中的奠基，螺旋上升为研究中的成就，为我们做了"该如何成为高校教师"最正确的示范。

张卫：成功需要基石，教学是默默无闻的奉献

【名师名片】

张卫，上海交通大学 2021 年"教书育人奖"二等奖获得者。上海交通大学化学化工学院化学系副教授。1997 年 4 月上海交通大学硕士毕业留校任教，2009 年获博士学位（在职攻读）。曾获上海交通大学"烛光奖"一等奖、上海交通大学"致远荣誉教师"称号。

【名师名言】

■ 三尺讲台不为名利而来，只因热爱，努力成为学生心目中的好老师。

■ "教"与"学"相长，学生各种天马行空的问题带来的思考成就了教学中的游刃有余，与学生共同成长是教师快乐教学的源泉。

■ 做团队中最值得信任的基石，每一次默默无闻的奉献，都成为自我成长的阶梯，也成就了更好的自己。

　　张卫在交大工作二十多年来始终坚守教学一线,兢兢业业,以"教书育人"为根本使命,坚持"言传身教",用自己的实际行动感染和教育学生,诠释着教师的本色。

　　张卫从事基础课程的教学与人才培养,长期主讲"无机与分析化学""计算在化学中的应用""无机化学""分析化学""大学化学""元素化学"和"大学化学(荣誉)"等多门本科生的专业基础课、专业核心课程和公共基础课,同时也一直承担"无机与分析化学实验""大学化学实验"等实践类课程的教学任务。她授课门类多、涉及面广,多为公共基础和专业基础课,先后共计讲授12门本科生课程。近十年来,每年完成的教学工作量约为300学时,授课人数在300人左右,她在教学工作中不仅认真负责、严谨求实,而且温柔细致、耐心和蔼的教学风格也深受同学们的喜爱。

　　张卫多年来始终积极投身基础化学课程改革与建设,潜心教学研究与思考,承担多项多元化教学、课程思政等教改项目,主编和参编多本教材;在团队中任劳任怨、勇担重任、不计名利,甘当团队中最值得信任的基石,作为团队重要成员先后获得市、校级等多项教学成果奖。

因材施教,不断引入新的教学方法

　　张卫一直将"因材施教、分层教学"的理念贯穿在她的教学工作中。她承担的教学内容涵盖了量大面广的工科平台课程、自然科学试验班的专业基础课程以及化学专业的专业核心课程等不同类型。她认真研究每一门课程的教学目标和教学内容,根据教学对象来设计教学方案,通过理论课和实验课的结合来提升教学效果,在课程内外倾注大量的心血指导学生,如针对化学原理模块的内容,设计一系列夯实理论基础、重视多角度系统解决实际问题的研究型问题,引导学生逐渐转变依赖题海战术的高中理科课程学习模式,立足理论知识的理解、掌握及灵活运用;通过对每一个章节设置紧扣化学原理的一系列问题,让学生自主学习,对于综合性的问题思考,可从任意感兴趣的化学反应入手,掌握从化学反应的可能性到转化率、反应速率大小现实性问题的研究方法,学习用化学原理解决实际问题的基本思路和步骤。在课堂讨论的过程中张卫将各知识点进行层层剖析，以帮助同学更深入地理解化学原理的本质及应用方法。她还在课堂教学中引入了 PPT 主题讨论教学环节，根据各模块的教学内容及目标给同学们提供了诸如"用化学的原理分析'点气成钻'（CO_2 变成金刚石）的可能性和可行性""讨论酸雨形成的主要化学原因和控制方法，如何从源头上加以控制？"等贴近生活的主题，让同学们自由组合成小组，选题目、查阅文献、课外讨论，制作 PPT 并在课堂上进行小组宣讲，共同讨论，收到了较好的教学效果。

张卫一直坚持"课程创新"，在教学中不断引入新的教学方法和手段、优化和整合教学内容，比如在课堂教学中，针对比较重要的知识点，设置一系列的问题供学生思考，利用投票器（或图片）、问卷星等新兴辅助教学手段，直接了解学生的掌握程度，随时调整课堂教学重点，提高课堂教与学的双重效率。

潜心教学，用耐心培养信心

张卫坚持用耐心培养信心，对学生的各种问题，她有求必应，从不拒绝学生非固定安排的答疑要求。同时，由于张卫教授的课程门数多、类型多，在不同课程的授课过程中，她也时常接触到非常多不同类型同学的提问，通过总结归纳，她将知识化繁为简，让学生理解理论知识的同时开阔视野。另外，在和各类学生的交流讨论中，张卫擅于捕捉到学生问题的本质，热情解答学生的各种问题，与学生共同探讨，并在课堂教学中不断调整讲授的侧重点，实现教与学的互相促进。张卫一直珍藏着某个学期末最后一堂课收到的一位学生写给她一张纪念卡："我要捧一大束的鲜花（虚拟的）向您表白：真是超级喜欢您，好温柔好温柔，课又讲得好好，解题又那么清晰，简直不要太好……珍惜最后一节无机课，实在太舍不得您了。"学生们留给她的对于课程的点滴体会，她都倍加珍惜，作为下一轮授课的经验和默默耕耘在三尺讲台的快乐源泉。

在繁重的教学任务之外，张卫还积极参与指导全国大学生化学实验竞赛、暑期实习等与人才培养有关的工作环节。作为准大学生化学先修课程的慕课建设与研究的主要完成人，张卫讲授交大附中（嘉定分校）化学先修课程。同时，作为上海中学"高中生创新素养培育实验项目"（市教委）与"探索建立拔尖创新人才培养基地"（国家教育体制改革试点项目）校外指导专家（2013—2016 年），也指导了多项上海中学科技班的科技创新项目，其中有两名学生先后获得上海市"明日科技之星"称号，他们所完成的项目分别获得第 28 届、第 25 届英特尔上海市青少年创新大赛二等奖。

不忘初心，教学中的思想引领

张卫始终将"教书育人、立德树人"的工作目标放在首位，在教学中注重思想引领，以润物细无声的方式在课程教学中引入思政元素，比如，针对"无机化学"课程的化学原理模块主要解决的是化学反应的可能性和现实性问题，她在模块授课结束后举一个化学反应在实际应用中的示例，从古代的"点石成金"引申到现代的"稻草变黄金"，引导学生讨论讨论如何将四氯化碳转化为珍贵的金刚石。在必要的理论计算和推导后，张卫引入中国科学家实现梦想的实例：中科大钱逸泰教授领导的研究小组，基于传统的有机合成反应，设想在合适的温度和压力条件下，用金属 Na 与四氯化碳反应，若在生成物中保持四氯化碳正四面体构型，就能获得三维的碳链结构，即制得金刚石。通过反复进行实验，成功地以金属钠还原四氯化碳合成了金刚石粉末。基于这一研究成果的论文在 *SCIENCE* 杂志上发表。该研究成果是人工合成金刚石方面的重大突破，被"美国化学与工程新闻"评价为"稻草变黄金"。张卫通过化学理论与应用，引领学生建立科学与文化自信，该教学案例也被评为校思政教育教学改革优秀案例，在新华网新华思政平台上线，目前累积学习人数已达四千多人。

团队合作，做快乐基石

张卫一直有非常强的"团队合作"精神，在团队合作中任劳任怨，全力配合团队的工作安排。比如在 2020 年春的疫情期间，为了完成"停课不停教"的任务，她承担的"大学化学"和"元素化学"两门课程需在第一时间进行在线教学模式的探索。尤其是"大学化学"首次尝试了"大班教学、小班辅导"的在线教学模式,给大学化学教学团队带来了巨大的挑战。张卫发挥她多年的教学经验和PPT制作、习题解答、计算机应用等方面的工作优势,成为"大学化学"在线教学工作的主力教师,主导了学校canvas平台上大学化学在线模拟课程的建设,包括教学视频、课件、作业、在线考试等各类教学环节的及时发布与更新,实现了"大学化学"8个小班间的教学共通,有效地保障了教学效果,帮助团队成功且出色地完成了任务,大学化学教学团队获得了2020年度上海交通大学"教书育人奖"(集体)一等奖,张卫是主要成员之一。

张卫始终秉承"教学相长"的理念,不断学习和提升自己的教学水平、教学效果。她除了经常与团队一起研讨外,还积极主动地跟班听课,向教学经验丰富的资深教师取经、学习与切磋,同时也对来听她课的青年教师倾囊相授自己的教学经验和体会。作为团队的中坚力量,张卫做好传帮带工作,积极参与团队的梯队建设和青年教师的培养工作。

在化工学院,几乎所有低年级的有关基础化学、大学化学的课程建设项目(含教材)都有张卫承担的角色;关于上述课程教学相关的新方法、新技术,她都积极学习和实践并辅导他人;她从不拒绝量大、琐碎、没有成果显示度的公益性教学工作,如出非课程考试的其他类考题及改卷子、辅导中学生创新实验、网站建设、数据分析等。所以她是团队中最值得信任的基石,与团队共同成长是她不忘初心、始终坚守教学一线、乐于奉献的信条。

在未来,相信张卫能够一如既往地坚持在教学岗位的第一线上,不断地为教学事业贡献自己的能力与力量,并且投身于教育发展的前沿。

朱喜：做学生的良师益友

【名师名片】

朱喜，上海交通大学2021年"教书育人奖"二等奖获得者。上海交通大学安泰经济管理学院经济系教授。在清华大学获得学士和博士学位。现任经济系副主任和党支部书记。研究领域为发展经济学和劳动经济学，在国内外重要期刊发表论文数十篇，主持4项国家自然科学基金项目。他曾入选上海交通大学唐立新教学名师奖，交大晨星优秀青年学者奖励计划，上海市晨光学者和浦江人才计划。研究获得上海市和江苏省哲学社会科学优秀成果奖。

【名师名言】

■ 要学好经济学，就得掌握必要的硬技能。很多经济学思想精妙高深，脱离数学工具的帮助，很难做到透彻领悟和合理应用。器欲尽其能，必先得其法。

■ 掌握充分的信息，了解社会的需求，听从自己的内心，做出自由的选择，然后为之付出艰辛的努力。

■ 经济学研究要让世界变得更好，关键在于响应现实需求，研究重要问题。

朱喜,上海交通大学安泰经济管理学院经济系教师。从教十五年以来,他始终坚持专业基础课程教学,致力于培养一流的经济管理人才。他强调经济学教育需要帮助学生掌握必要的硬技能,在坚实的基础上培养实践能力和创新能力;他鼓励学生听从自己的内心,做出自由的选择;他将科研成果融入课堂,将知识点与理论前沿、现实问题有机结合,激发同学的学习热情和研究兴趣。课上他是学生的良师,课下亦是学生的益友。

讲授有趣的"硬课"

朱喜以"立德树人,教书育人"为本,多年讲授本科生和博士生的计量经济学课程。该课程难度高、作业多、要求严,被学生广泛评定为难学的"硬课"。但朱喜始终认为,要学好经济学,就得掌握必要的硬技能。很多经济学思想精妙高深,脱离数学工具的帮助,很难做到透彻领悟和合理应用。器欲尽其能,必先得其法。计量作为现代经济学主流的定量实证方法,将理论和实践有机结合,很好地体现了知行合一的思想,牢固掌握其基本框架和方法,对于未来深入学习经济学理论大有裨益。

怎样让学生更好地"得其法"?朱喜将自己在教学科研中积累的认识和经验融入课程的讲授中,力图让"硬课"变得生动有趣。首先,他通过精心设计的作业和测试等对学生进行严格的基本功训练;其次,讲清理论背后的经济逻辑和直觉,帮助学生体会简洁公式所蕴含的隽永意味;最后,通过实践和创新环节,进一步激发学生主动学习和探索的兴趣。

尽管这门课程已经上了很多年,但每次上课前一天,朱喜还是会腾出至少大半天时间备课,并对课程讲义(PPT)进行不断地改进。PPT 是对授课内容的整理、指引和聚焦,使得课堂思路和知识重点一目了然,且能及时补充教材没有的重要知识和案例等。朱喜每年都能收到同学对课程讲义优缺点的真诚反馈。数年前,还有一位同学主动利用暑假的休息时间,将这份 PPT 改成更加适合数学公式呈现的 latex 版本。这些教学相长在无形中提升了课堂质量。

注重创新和实践能力的培养是课程的一个特点。每个学期,课程都从一次导论课展开。导论课看似多余,实则重要。它系统回顾计量理论的由来和发展历程,介绍相关理论研究的前沿动态及实证研究的重要应用。这有助于学生更好地理解经济学科发展前进的基本逻辑和整体概况,进而开拓学术视野和思路。课程还结合中国现实,精心设计了案例环节。结合中国居民消费、劳动供给等现实问题,通过上机作业、案例讨论等方式,帮助学生理论联系实际,鼓励学生大胆提出质疑和创新,激发学习兴趣,培养批判性思维和创新性思维。

朱喜的教学得到了学生和同行的肯定,他也成为经管学院最受欢迎的老师之一。他曾获上海交通大学唐立新教学名师奖、三育人奖,多次荣获学院最受本科生欢迎教师奖。在与课程组老师的共同努力下,计量经济学还被评为上海市精品课程。

鼓励自由的选择

朱喜犹记中考之前的夏天,他和父亲在灯下琢磨了一晚上,在志愿表的第一栏填上了一所中专学校的名字。在当时的农村,这是一个流行的选择:中专学费少,节省开销;更重要的,只要正常毕业,就能逃离劳苦的农村,进入光鲜的城市。班主任老师看到以后,特地把他父亲叫去,说这孩子读高中更好。老师没有讲什么大道理,但提到在市区的初中学校,大家都更喜欢报高中了。因为这个提醒,朱喜修改了志愿,进入高中,并考上了大学。在整个学生生涯,他还遇到了很多老师,平凡的或者不平凡的,这些老师对他最终选择成为一名大学教师产生了深远的影响。

今天我们的学生聪明勤奋,且在各方面都拥有更为优越的条件,但在人生重要选择的问题上仍然会遇到困难。工作、出国、考研、读博,应当如何选择?是否随大流就是最优的呢?朱喜鼓励学生掌握充分的信息,了解社会的需求,听从自己的内心,做出自由的选择,然后为之付出艰辛的努力。未来的发展不存在单一的模板,只要在热爱的领域自强不息,不论在业界、政府部门,还是学术界,都能对社会作出巨大的贡献。而老师的作用,就是凭借专业能力和经验阅历,提供真实客观的信息,在学生需要的时候给予必要的帮助,让困难的时刻变得容易一些。

朱喜特别鼓励学生进行科研项目的探索,这有助于学生培养理论联系实践的能力和创新精神,特别是让学术兴趣浓厚的学生加快成长。他通过指导学生毕业设计、PRP项目,组织定期学术讨论班等方式,与学生聚焦中国经济中的重大现实问题,使用现代经济学方法进行深入的学术探索和讨论交流。他还作为交大组委会核心成员,长期组织长三角研究生"三农"论坛(2010—2020)。科研经历帮助学生加深了对经济学科的理解和热爱,有多名学生以此为起点,走上学术道路。

研究重要的问题

学术研究是经济学者创造公共产品、提供社会服务的重要工作内容。经济学研究要让世界变得更好,关键在于响应现实需求,研究重要问题。朱喜的研究领域是发展经济学和劳动经济学。他长期研究中国农村问题,聚焦劳动、土地等要素配置效率,使用前沿的现代经济学理论和方法,结合中国的现实特征和微观数据,力求得到更为重要和稳健的研究成果,提出具有参考价值的政策建议,为实现高质量的发展作出贡献。他在学术上孜孜以求,取得了丰富的研究成果,已在《经济研究》等国内外期刊发表文章数十篇,出版学术专著1本,主持国家自然科学基金项目4项,获得江苏省哲学社会科学优秀成果奖一等奖(2020)、上海市哲学社会科学优秀成果奖三等奖(2012)等。

学术研究对于提高教学质量具有积极的促进作用。得益于科研的积累,朱喜将课堂教学与理论前沿、社会需求保持同步并不断深化。大量经济学前沿理论、重要问题和研究成果源源不断地进入课堂,增强了学生对所学理论知识的理解,引起了他们将理论应用于现实问题的浓厚兴趣。

学术研究同时促进了对学术人才的培养。朱喜指导的学生获得上海市优秀博士论文奖、上海交通大学优异学士奖获评上海交通大学优秀毕业生等,推荐的学生前往国内外知名大学(如麻省理工学院等)的博硕士项目继续深造。已有多人进入高等院校、社科院等科研机构,将教书育人的重任薪火相传。每当学生在岗位上取得出色成绩的消息传来,他总有一种"功成不必在我但功成必定有我"的由衷喜悦。

千里之行,始于足下。从事最基础的教学和科研工作,从最基础的专业知识开始,帮助学生打好基础,砥砺前行,更好地获取知识、培养能力、塑造价值,成长为社会的有用之才,是朱喜老师内心所追求的方向。教书育人的事业帮助他实现了人生价值。在未来的工作中,朱喜依然会不忘初心,脚踏实地,践行大学教师传道授业解惑的光荣使命。

张红梅：红梅凌寒开，烛火暗香来

【名师名片】

张红梅，上海交通大学 2021 年"教书育人奖"二等奖获得者。现任上海交通大学外国语学院副院长，曾任上海交通大学外国语学院党委副书记。她获评了 2021 年的上海市"育才奖"，她是第十一届的全国辅导员年度人物、2018 年的上海市辅导员年度人物，曾当选为上海市第十四届人大代表，获评上海交通大学的第一届"思政之星"，2017 年获评第一届上海交通大学管理服务二等奖，2011 年获评上海交通大学校长奖。

【名师名言】

■ 做学生思想上的引路人，生活上的导师，品行上的典范，情感上的朋友；学生成长需要的，就是我要提供的，这是我二十八年来坚守不变的信条。

■ 一个教师最大的影响力在于给学生以人生的影响，帮助他们具备完善的知识和健全的性格，使他们懂得感恩，体会奉献。在这一过程中，教师收获着学生们成长、成才、成功的喜讯和快乐。

■ 一个好老师要用真情打动学生，用诚心感化学生，用心灵聆听学生，用汗水浇灌学生，如此才能枝繁叶茂，花开满园。

她是点灯燃烧的领路人，二十八年如一日默默坚守在思政教师工作岗位上，成功干预了一百多起学生危机事件，一次次将学生从迷途中拉回；她是思政工作的开拓者，在国内核心期刊上发表了10余篇学术论文，牵头建设网络德育工作室，开展英语德育培训，建设国际化学生工作队伍；她是模范先进的老党员，勇于担当，甘于奉献，想师生所想、急师生所急，凭着一副热心肠，积极地为学院师生处理各项"疑难杂症"；她是认真履职的上海市人大代表，为辅导员代言，从学生思想、校园文化、宿舍管理等多方面思考学生工作的有效模式，为教育事业发展献计献策。

她就是第十一届高校辅导员年度人物、上海市辅导员年度人物、上海市2021年的育才奖、交大首届"思政之星"、上海交大"校长奖"获得者——外语国语学院副院长张红梅。

惜尺寸光阴，挑担亦躬行

忙，一个字，足以概括张红梅的生活，忙到深夜办公室还亮着灯，忙到想家人的时间远少过想学生。诚然，她又怎可能不忙。从新生入学，到应届生毕业，性格本就较真的张红梅操心着每一件事情。

但是，无论身上的担子有多重，张红梅都始终没有离开过学生思想政治教育的第一线。她以身作则，靠前指挥，带领思政教师、辅导员做到"三深入"：深入学生班级、深入学生宿舍、深入学生心理，确保有学生的地方就一定要有老师的关怀和爱护，有困难的地方就要有老师的帮助和指导。

是责任让张红梅的手机每天24小时畅通。"张老师的手机，即使是深更半夜打过去，都能得到温暖的回应。"学生这样说。"张老师给我们留下最深的印象是，她做什么都本着负责任的态度，只要是和我们学生有关的事情，她都会全身心地投入，所以她才能做出成绩。张老师的付出，学生都看在眼里，记在心间。"

这样的思政老师，让学生信任，叫家长放心。张红梅的敬业和投入换回了学生的点滴进步以及外院学生学习风气和文明风气的好口碑，换回了外院连续十年被评为"校学生工作先进集体"和她个人连续十年获评校优秀思政教师的优异成绩。

每年教师节的时候,张红梅的办公室总是分外热闹,回来看她的学子,既有已经为人父母的 70 后,又有刚刚跨出大学校门的新人。张红梅说,学生们取得的每一项成绩同样也是她的骄傲;而学生们更是说,张老师的好,他们不会忘记。

为巧手匠心,桃李自成蹊

在工作中,张红梅不仅全情付出、一丝不苟,更敢于创新、乐于进取。基于多年工作经验,张红梅建立实施"发展学生谈话制""发展学生激励制""发展学生成长目标责任制""发展学生家长联系制"等,鼓励经济困难的学生自强不息,刻苦学习;督促学业有困难的学生端正学习态度,提高学习成绩;加强对学生的心理疏导工作,打开学生心理心结,帮助形成积极健康的心理。

在就业工作方面,张红梅主动联系共建单位,认真细致地做好就业指导工作,通过远航党课、个案咨询等方式点燃学生情怀,鼓励优秀毕业生到国家需要的地方工作。

此外,张红梅还特别注重新生入学素质教育。每年新生入学后,她都定期给新生上思想政治课,通过思政引领、学术志趣、心理讲堂、名师讲坛、校友论坛等内容,营造积极进步的氛围。

不仅如此,张红梅也一直把关心特困生、后进生、心理问题学生的学习和生活作为工作的重点,并给他们定位为"双困生"。由于她的耐心细致的工作,一个个"双困学生"跨越了生命的鸿沟,学业和生活步入了正轨。

同时,张红梅也始终牢记党建工作是学生工作的龙头,她结合外院实际,开展特色创新活动,以党建带动团建,不断提高学生素质,扩大引领作用。她带领学生党员以实际行动模范带头,提出"外语学院党员先锋行""弘扬奉献"等主旨,组织"学党史,悟初心,担使命"等活动,将党员先进性落到实处。张红梅希望通过丰富多彩的活动让大学生党员体会奉献的意义,实现自己的价值,这也为全院的学生思想政治教育工作筑造了有力的抓手。

在她的引导下,每年都有学生积极报名支援西藏、内蒙古等边远地区,以火热青春报效祖国。外院之所以能取得连续十年毕业生就业率保持100%，文明离校率也达100%的"骄人战绩"，张红梅立下了"汗马功劳"。她所带领的井冈山义务支教活动屡次获评"上海市大学生暑期社会实践优秀项目"；指导的学院学生党建工作荣获"校党建创新一等奖"，学生党支部入选基层党组织建设基金"示范项目"，学院团委多次获评"校五四红旗团委""校五四特色团委"等荣誉称号。学生党员中更是涌现出多位"校三好学生标兵""校学生年度人物""砺行计划宣讲团"成员及国家奖学金获得者等多位先进典型，数人带头携笔从戎，参军报国。

当心灵导师，春风化作雨

"那天您把我带回家，我看到您在厨房里给我做饭，我吃出了妈妈做的饭的味道。您跟我说没有什么会过不去，有存在，便有希望，有希望便是光明，张老师我记住了。"这是张红梅曾帮助过的一位女同学的真诚感言。

这位看起来阳光开朗的女生，竟也陷入困境。把心思都放在学生身上的张红梅很快便意识到了她的低落，于是便把她请回了家，简单却温馨的饭菜，拉家常般的，竟成了同学一辈子难忘的"心灵盛宴"。张红梅装着不经意地说起自己似曾相识的挣扎与释怀，"过来人"的将心比心、以情换情，让迷茫的小姑娘豁然开朗。走出阴霾后，她告诉张老师毕业后她要去祖国最需要的地方撒播希望和光明，女同学兑现了她的诺言，远赴四川做了一名选调生。

"我能保证的，就是学生需要我的时候，我永远都会出现，为每一处黑暗尽力点亮明灯。"这就是张红梅的承诺，一个质朴却不容置疑的承诺。对每一个陷入迷茫的学生而言，要迈过的是一道难过的心坎儿，而对张红梅来说却是要化解一次又一次青春路途上的"险情"，怎敢有一刻放松？一旦学生的心理有了"危机"，她总能及时的洞悉与"挽救"。28年来，张红梅成功干预了百余起学生危机事件，把失落的学生从人生边缘拉回。

教育是爱的共鸣。正是这样发自肺腑的关心与关爱，才让学生的心灵逐渐打开，感受到温暖与阳光，"我记得您慈祥的谆谆教导，我心疼您新增的些许银发。自从遇到了您,我的人生就发生了改变。张老师我能叫您一声'红梅妈妈'吗?"张老师的另一位学生曾在信中这样写道。写这封信的学生,如今已经毕业。而激励他走上理想道路的张红梅仍在思政教育的这条路上坚定前行,成为更多学生温暖的"红梅妈妈"。

学傲雪红梅,俏也不争春

28 年前,张红梅青春韶华,踌躇满志。她在心底立下誓言:让教育成为自己毕生的事业。28 年来,张红梅任劳任怨,甘心奉献,为了兑现这句动人誓言,她把每一个学生都当成自己的孩子,让每一份爱都真挚而无私。

在人大代表履职期间,张红梅珍惜每一次会议的机会,会前认真开展调研,搜集师生各方面意见,积极献言献策,提出的关于高校师生亚健康问题、大学生周边食品安全问题的提案,受到有关部门高度关注。

28 年的时间并不短,襁褓的婴孩已然翩翩少年;28 年,张红梅从青丝飞扬到两鬓微霜,从学生心中的"红梅姐姐"变成"红梅妈妈",她把人生最宝贵的一段年华献给了思政教师这一平凡的岗位。

历尽苦寒的梅花为人民迎来了灿烂的春天,对盛开的山花却没有丝毫的妒意,安然隐于烂漫春色。毛泽东在其作品《卜算子·咏梅》中借梅自喻,表现的是共产党人奋斗在前、享受在后的崇高美德与奉献精神。作为一名共产党员,一名思政老师,张红梅就仿佛毛泽东笔下的报春之梅,俯首耕耘,甘为人梯,为学生们的成长成才付出几多心血,她用对学生的热爱和对工作的勤恳以及赤忱的情怀和无私的奉献,诠释了一个思政教师应有的品格和价值,真正践行了著名教育家陶行知提出的"捧着一颗心来,不带半根草去"的奉献精神。

点滴汇聚大爱,大爱铸就丰碑,张红梅在思政教师这块园地里辛勤地耕耘着,充满激情地发出自己的光和热。

张沁：二十八年讲台耕耘，二十八年校园文化建设

【名师名片】

张沁，上海交通大学 2021 年"教书育人奖"二等奖获得者。上海交通大学人文学院艺术教育中心教师，校学生合唱团指挥。带领校学生合唱团多次获得国际及国内合唱比赛金奖，本人也曾获得优秀指导教师奖、交大"校长奖""教书育人奖""唐立新教学名师"等荣誉。

【名师名言】

■ 责任心是做人的根本。

■ 因上努力是进取，果上随缘是放下。

■ 以善良的心看待世界，因为只有这样，才能发现别人的优秀品质，才能发现这个世界的美好。

■ 除了希望我们团能站在优秀合唱团行列以外，我更希望我们能从合唱中感受到美，感受到安慰，感受到积极，并且把这些传递给更多的人。

张沁是人文学院艺术教育中心资深教师之一,近三十年来一直扎根在艺术教育工作一线。她专业素养出众、基本功扎实,除常年担任面向全校开设的音乐类通识核心课、辅修课及通选课教学以外,还兼任着校学生合唱团的指挥及管理工作。学生艺术团工作并没有纳入学校课程体系,在艺术特长生指标直线下降的形势下,她甘于奉献,利用大量业余时间开展普通学生的发掘、培养工作,使学生合唱团的艺术水准始终保持在全国领先。近三年来,覆盖全校各个院系学子的校合唱团延续着以往的优秀,2018 年获巴厘国际合唱比赛两项金奖,2021 年获教育部第六届大艺展合唱全国一等奖和优秀指导教师奖。她一直是学生们的良师益友,用关心与爱护,用实际行动,感染和影响着队员们,被学子亲昵地称为"沁姐"。

扎根公共课程,音乐美育多面开花

张沁 1993 年于上海音乐学院作曲理论专业本科毕业,后入职上海交通大学,自此一直扎根在交大艺术教育工作一线。她专业素养出众、基本功扎实,进校不久即参加了上海市高校音乐教师比赛,获得二等奖。进校实习一年以后,即开始面向全校开设了"钢琴音乐""作品分析""乐理"等课程,广受好评,曾获优秀青年教师提名。2003 年院系调整,学校成立了艺术教育中心,归属人文学院。艺教中心面向全校开设的通识核心课程、辅修课程和通选课,无论是理论课还是实践课,她都能胜任。凭借多年校园文化实践指导经验,张沁了解学生的所需所想,也擅长将枯燥的艺术理论演绎得生动清晰。通识核心课程"交响乐鉴赏"课程当年申报获批国家级精品课程,她是成员之一。为了更有效地对交大非音乐专业学生进行音乐教学,张沁也尝试做了一些音乐教材的编撰工作,包括乐理教学、钢琴入门教学、合唱教学等,其中由她主编的《乐理基础及其应用》已经出版。她的课程评教常年位于全校前列,她担任课程负责人的"中西乐理及其应用"一直很受学生欢迎。有学生这样评价:"在我大学期间遇到的所有老师中,张沁老师是最特别、最突出的一个。她在课堂上的专业性和人格魅力使得她的艺术类课程总是第一时间被席卷一空,成为最难抢的通识课之一。"

除了课堂教学以外，张沁还会对一些有进一步提升学习需求的学生做些义务性的课外辅导，教学影响也由第一课堂延伸到第二课堂。她的学生曾在各类钢琴比赛中获奖。她也鼓励和支持学生创作各类原创作品，曾有位同学在荣获上海市校园原创作品第一的好成绩时，特别提到对张沁的感激。张沁本人也因为出色的艺术教育课程和实践表现在 2016 年获得"唐立新教学名师"奖，2018年 6 月获"教书育人奖"提名奖，2021 年获得"校长奖"等。

专注合唱指导，艺术实践之花盛放校园内外

1994 年，张沁参与了上海交通大学校学生合唱团的重建工作，主要担任学生合唱团的伴奏及视唱练耳辅导老师。在这期间，她同时还是校教工合唱团的钢琴伴奏。除了课堂教学以外，张沁还积极投身于各类艺术实践活动，活跃在校内校外各大舞台。2005 年起，张沁开始以常任指挥身份带团。为了更好地胜任这个岗位，她重回上海音乐学院在职攻读合唱指挥硕士，师从合唱指挥泰斗马革顺教授，在满工作量并且还要带团的前提下完成硕士三年的学习。在她的悉心指导下，交大学生合唱团始终保持着较高的校园活跃度和品牌显示度。近年来，在艺术特长生指标大幅下降的形势下，她利用业余时间做了大量的校招生发掘、培养工作，使学生合唱团的艺术水准始终保持在全国领先的地位。张沁作为常任指挥带团十余年，每年承担校内外各类演出十几场，甚至二十几场，获得海内外众多荣誉。从 2005 年作为骨干教师，协助带团参与教育部第一届大学生艺术展演获上海一等奖全国一等奖，到 2009 年作为指挥独立带团参加教育部第二届大学生艺术展演获上海一等奖全国二等奖，再到 2012 年作为指挥独立带团获教育部第三届大学生艺术展演上海一等奖全国一等奖并获得优秀指导教师奖，又在 2015、2018、2021 年连续获得第四、第五、第六届教育部大学生艺术展演上海一等奖全国一等奖及优秀指导教师奖，张沁带领的交大合唱团在已举办的六届大艺展中，是全上海唯一一所六次都闯入全国决赛的队伍，在全国也名列前茅。

除国内比赛以外，张沁带领合唱团在国际舞台上也屡获金奖，曾获 2017 年普林斯顿合唱公开赛双金奖，2018 年获带巴厘国际合唱比赛锦标赛混声组金

奖、民歌组金奖等。2020 年疫情期间,她积极组织学生参加的上海市教委线上合唱获"艺起抗疫特别奖"。

除校内上课及带团工作以外,张沁还是上海市合唱协会理事及中青年部的负责人之一,同时兼任交大老年大学的任课老师及交大老教师实验合唱团的指挥。在老年大学任职期间她也深受老年学员们的称赞,在 2018 年经交大老年大学推荐,张沁获得 2018 年徐汇区社区教育"奉献奖"。作为交大老教师实验合唱团的指挥,张沁这几年也带队获得不少奖项。在 2020 年 9 月,张沁又担任了上海交通大学教工合唱团的指挥,在 2021 年 5 月,带领教工合唱团参加上海市教育工会的合唱比赛,获得了一等奖。

因材施教,美育浸润交大学子

音乐是张沁与交大学生真切交谈的"特别语言"。她认为,作为教师,除了传授知识以外,引导学生树立积极向上的价值观也尤为重要。当有学生问:"沁姐,你带合唱团最想做什么?"她说:"除了希望我们团能站在优秀合唱团行列以外,我还希望大家能从合唱中感受到美,感受到安慰,感受到积极,并且把这些传递给更多的人;我也希望大家能从我们这个团队中感受到温暖,希望大家看到,生活的维度很宽,不仅仅是功利。"

张沁既操心着艺术团的业务指导,又身兼数职,实际担当着艺术团思政老师、生活指导老师、心理辅导老师等多个岗位。她说,"我很高兴我能把爱,把积极的意义,传递给大家。"张沁平时很少对学生们说教,但她用关心与爱护,用实际行动,感染和影响着队员们。在排练间隙、比赛候场、去演出的大巴上都能看到张沁跟同学交流的身影。很多合唱团的同学遇到学习上、工作上、感情上的问题都会找她倾诉,张沁热心的态度和丰富的经验也让不少同学走出了人生低谷,重拾信心。合唱团排练未纳入学校课程,大部分工作都是义务奉献,几乎每一周,合唱团集训都要在 5 个小时以上,还不算演出比赛前需要的加班排练以及寒暑假的集训,张沁从不计较这些付出,她始终觉得,做事尽心是根本。学校的各类演出活动,不管大小,不管是否需要她上场,她都会在现场,从准备到演出到为学生打下手,她都一如既往地认真。

张沁一直认为,责任心是做人的根本,既然要做,就当认真,她一直对队员们说:"努力的过程,串起了我们的人生! 只要始终努力,总的结果大致不会太差。"她本人一直以身作则,每次带团代表交大参赛都竭尽全力,在第四届大艺展全国赛的时候,张沁住在北京的母亲病重,她不断往返于上海、北京以及参赛地天津之间,即便母亲去世,也没有影响到比赛,合唱团最终获得第四届大艺展全国金奖。张沁在第五届全国赛过程中由于过度劳累,严重腰肌劳损,但她一直撑到比赛结束,赛后连续几天都站不起来。

有学生这样评价张沁:"她每周牺牲大量的业余时间,以严格的要求培养校学生合唱团队员,让外界人眼中'只通理工,不解风情'的交大队伍也骄傲地站上了国际合唱比赛金奖的领奖台;她的敬业和她对舞台的热爱也深深感染着艺术团的每一位同学。此外,她也是一名真正意义上的'良师益友',和我们专业、生活、娱乐、理想无话不谈。"这种零距离感使得她成为学生们口中那个最亲切、最受欢迎的"沁姐"。今年母亲节,一位队员发给张老师这样一条祝福,"我们都有一个共同的感受,就是沁姐好像妈妈一样带着我们这些队员,虽然表面上嘻嘻哈哈打打闹闹,也很佛系,但却总是凡事为我们着想,一直用很多很多的爱和很大很大的宽容保护着我们! 我们从沁姐身上学到了很多人生智慧,感觉每天快乐秘诀都在增加,能遇见沁姐真是我们最大的幸运。"

不少合唱团员从本科一直留到研究生毕业,甚至毕业了还抽空回来参加排练,合唱已成为他们生活中美好的一部分。

陈尧：功成不必在我，功成必定有我

【名师名片】

陈尧，上海交通大学2021年"教书育人奖"二等奖获得者。上海交通大学国际与公共事务学院比较政治系教授，博士生导师。长期从事民主理论与民主化，比较政治、政治学理论研究，曾主持国家和上海市哲学社会科学课题等多项，出版个人专著5部门，译著4部，另参与著、编、译10多部。在《政治学研究》《学术月刊》等刊物发表专业论文80多篇，其中20多篇被人大复印资料等全文转载。在《求是》《红旗文稿》《人民日报》等发表多篇理论性文章。曾获2008年上海市高校优秀青年教师、2010年上海市社科新人、2014年上海交通大学优秀教师三等奖、第五届中国研究生公共管理案例大赛最佳指导教师奖等荣誉称号。兼任中国人权研究会理事、上海政治学会理事、上海东方青年学社常务理事、上海市中国特色社会主义理论体系研究会理事、上海市改革创新与发展战略研究会理事等。

【名师名言】

■ 真正的大学要培养学生具备立德为公的情怀、独立思考研究的能力、广博精深的知识。

■ 传播知识是一名教师的天职，而发现真正的知识是教师的一项重要任务。

■ 到广阔的社会实践中，才能发现新知识的来源。

■ 言传身教是教育学生最好的方法之一。

陈尧，上海交通大学国际与公共事务学院比较政治系教授，长期坚守在教学和科研第一线，秉承敬业乐业的精神，坚持认真严谨的教学态度，注重理论与实践相结合、教学与育人相统一。他信奉以教师为天职的观念，兢兢业业做好人才培养工作，实现对学生的思想引领、专业教导与人生指引。

功成不必在我

2021 年 4 月 28 日，在将近半年的紧张备战后，第五届中国研究生公共管理案例大赛终于在海口迎来了决赛之夜。从来自全国 180 多所院校的 1 800 多支参赛队伍中突出重围的上海交通大学"银龄护卫队"MPA 代表队，在总决赛现场为所有观众带来了一场精彩绝伦的呈现，最终不负众望，以包揽大赛特等奖、最有价值队员奖、最佳指导教师奖和优秀组织奖的辉煌战绩，圆满结束本次大赛之旅。正当队员们为胜利纵情欢呼、合影留念的时候，却不见这支队伍的指导老师——陈尧教授的身影。而此时此刻，陈尧正坐在海口飞往上海的飞机上，为第二天一早的本科生课程做着最后的准备。

对队员们来说，陈尧老师宛如定海神针一般，在赛前集中备战的一周多时间里，接连的昼夜集训让大家身心疲惫、士气不振。陈尧不断地给队员们加油鼓劲，悉心指导团队的案例文本修改，大到整体框架，小到参考文献格式，都逐一给出建议。进入决赛后，在赛程紧张、自身教学科研任务繁重的情况下，陈尧始终与同学们同甘苦、共进退，不厌其烦地进行案例展示和辩论的指导和练习，在目送队员们登上决赛舞台后，自己又马不停蹄地连夜赶回学校为本科生上课。最令队员们心疼、也最为感动的是，陈尧为了这次比赛打破了自己坚持多年的早睡早起的习惯，熬大夜陪学生们演练成了他那段时间的常态，即便是吃着饭的时候，有了新点子他也会立刻和大家讨论起来。队员们说，陈老师的辛勤付出是这次比赛能够取得优异成绩的一大助力。功成不必在我，功成必定有我，把荣耀留给学生，压力留给自己，这也体现了陈尧一直以来所秉承的育人理念——言传身教是教育学生最好的方法之一。

到广阔的社会实践中去

陈尧认为,真正的大学要培养学生具备立德为公的情怀、独立思考研究的能力、广博精深的知识。如何融思想道德、文化知识、社会实践的教育于一体,一直是他所努力的方向。

陈尧开设的"中国政府与政治"课程可谓是极具政治敏锐性的一门课程。多年来,陈尧全面贯彻落实党的教育方针,坚守意识形态阵地,将价值引领要素及思维方式的培养巧妙地融合于课堂教学之中,妥善处理好普遍性与特殊性、世界性与本土性的关系,讲好中国政治故事,将中国经济奇迹背后的政治动力和政治逻辑娓娓道来。他积极为同学推荐参考书目,引导他们展示和讨论,不仅帮助学生了解所学内容的背景和来龙去脉,做到"知其然,知其所以然",而且引导学生结合现实深入思考,提出独到见解,逐渐形成、培养自己的关注兴趣和研究能力。正是基于从实践中出真知的方法,"中国政府与政治"这门课广受学生欢迎。虽然这门课陈尧已经连续主讲了 10 年,授课要点早已牢牢刻在他的脑海中,但每一次讲课都会紧紧围绕当前的公共问题和社会现实。近年来,围绕中国国家治理的重要经验、中国政府体制的新认识、中国共产党的历史使命和时代价值等产出的个人研究成果也不断应用在课堂上。有学生感叹道,是陈尧教授的课堂教学让他们"真正理解了中国政府和政治运行的规律",还有学生甚至连续两个学期聆听这门课,每次都有常听常新的感触。

陈尧认为,只有在广阔的社会实践中,才能发现新知识的来源。为此,他经常组织学生,尤其是研究生和 MPA 学生开展对社区和相关政府部门的田野调查。近年来,在北京、南京、深圳以及上海等地,陈尧带领他的学生在许多政府部门、基层政府、社区等留下忙碌调研的身影。陈尧坚信,通过社会实践和实地调研,不仅能够促进学生对研究方法的熟练运用和对社会与政府的深入了解,培养他们"动手能写作,动口能表达,动眼能观察,动脑能思考"的综合能力,更能涵养学生与祖国同向同行的家国情怀和服务国家战略的责任担当。

陈尧与所指导的学生们一直保持着和谐的导学关系。无论是有语言障碍的外国留学生,还是从其他学院转来的"非科班出身"的学生,都能无一例外地感受到陈尧的用心、耐心和细心。陈尧近几年指导的数十名硕博士生中,2 人获得上海市优秀毕业生称号,4 人赴国内外名校攻读博士学位,多名学生在 CSSCI 等刊物上发表论文 10 余篇,毕业生大多进入公共部门工作。一位学生曾动情地说道:"我万分幸运能够成为陈老师的学生,他是一个纯粹的人,是当今社会中难得的'玉石',足够温润、坚定和明亮。"

纯粹有情怀的学者

严于律己、宽以待人,对学生高度负责,对学术研究有着纯而又纯的追求,几乎是学生们对陈尧的一致评价。执教 20 年来,陈尧坚持每学期主讲本科生课程,从未因病假或事假而缺一次课。学生提交的开题报告上随处可见陈尧的批注,论文访谈提纲中的每一个问题都经过陈尧的仔细斟酌和重新设计。在指导博士生论文写作的过程中,陈尧遇到自己不甚熟悉的理论可以不计成本地钻研消化,认为只有自己思考成熟后方能有资格指导并与学生对话。正是本着这样一种严谨治学的态度和近乎苛刻的自我要求,陈尧曾主持国家、上海市哲学社会科学课题等 10 多项,出版个人专著 5 部,译著 4 部,参与著、编、译 10 多部。在《政治学研究》《学术月刊》等刊物发表专业论文 80 多篇,其中 20 多篇被人大复印资料等全文转载。

习近平总书记在哲学社会科学工作座谈会上指出:"一切有理想、有抱负的哲学社会科学工作者都应该立时代之潮头、通古今之变化、发思想之先声,积极为党和人民述学立论、建言献策,担负起历史赋予的光荣使命。"多年来,陈尧围绕党和国家及社会发展大局,总结经验,提出建议,责无旁贷地发挥一名哲学社会科学工作者不可替代的作用,在《求是》《红旗文稿》《人民日报》《北京日报》《解放日报》等权威刊物和报纸上发表多篇原创理论性文章。2018 年,陈尧曾围绕西方民主问题接受中央电视台内部采访,相关内容作为全国领导干部的教育材料。

在国际与公共事务学院 2021 年研究生毕业典礼上,陈尧作为导师代表发言,对学生的殷殷嘱托就是"修身、齐家、为公、治国、平天下",尤其强调"为公"的意义。在提到自己的老同学、一位不幸因公殉职的支教志愿者时陈尧难掩悲痛,不禁流泪。对陈尧来说,立志做一名纯粹的学者,就要从中国出发、从实践出发、从问题出发,把个人工作与国家的命运紧密联系起来,用自己的研究成果为中国特色社会主义伟大实践提供坚实的理论支持。

作为一名理论积极分子,陈尧积极参加上海市委宣传部举办的各项理论宣讲、研讨等活动,向校内外单位宣讲党和国家的路线、方针、政策,2020 年被聘为十九届五中全会上海市委讲师团成员,为中共奉贤区委中心组、中国商飞试飞中心党委、嘉定区政法系统等做报告十余场。2021 年被聘为上海市委以及上海市教卫党委党史学习教育专家宣讲团成员,为上海飞机设计研究院党委、上海市药品监督管理局党组、浦东市场监督局党组以及街镇党委等宣讲十余场,获得听众一致好评。

艾青：为人师，育人德，予人爱

【名师名片】

  艾青，上海交通大学2021年"教书育人奖"二等奖获得者。复旦大学文学博士，上海交通大学媒体与传播学院副教授、电影电视系副主任、硕士生导师，美国康奈尔大学访问学者，上海市晨光学者。兼任上海影视戏剧理论研究会理事、中国台港电影研究会台湾电影委员会秘书长、中国长三角高校戏剧影视学科联盟理事等职。研究方向为中国电影史论、电影与城市文化、影视跨文化传播。曾获评上海市优秀博士论文奖，主持国家社科、教育部人文社科基金等多个项目；获评上海交通大学"凯原十佳"教师、本科招生工作先进个人、校教学成果奖等多项荣誉。

【名师名言】

- 艺术创作是一场潜心修行，最后收获心灵的愉悦，为人师亦如此。
- 希望学生做到的，自己要先做到。
- 生命因教育而精彩，教育因生命而辉煌。

　　艾青是上海交通大学媒体与传播学院电影电视系副教授、副主任、硕士生导师。从教十多年来，她尊重每一位学生，以饱满的工作热情、扎实的专业知识和对学生无私的师爱为教育事业作出贡献，致力为国家培养德才兼备的新时代创新型人才，受到了学生和同行的交口称赞，曾获上海交通大学"凯原十佳"教师、东森教学奖、本科招生工作先进个人、上海市"晨光学者"等荣誉，她指导的研究生曾获上海交通大学校长奖、上海交通大学十大学生年度人物、上海交通大学励志典型人物等多项荣誉。

以美育人，"艺术+"教学创新深受学生好评

　　艾青长期潜心艺术专业教学一线，以"艺术+"思维启发教学创新，致力于提高学生审美和人文素养，以美育人，培养学生综合素质。她先后开设"影视艺术导论""中外影视史""影视精品赏析""影视史论"等十多门本科生、研究生课程，每学年承担课时量近300，讲课深受学生欢迎，评教分数名列前茅。

　　在艾青看来，现场体验对艺术教育至关重要。她坚持"艺术+现场情境"教学，提升学生自主性、感受性、自信心等人格特质，尽可能多地寻找机会、创造机会让学生主动进入艺术创作的现场情境，培养专业热情。例如，影视系坚持多年举办的"青春影像节"，已成为校园原创电影、孵化学生成才的高地，艾青指导的研究生汪洋连续多年担任影像节的学生总导演，积极将专业知识转化为艺术实践。她还将课堂搬到上海电影博物馆，鼓励学生将艺术展品与课程知识点相结合进行理解，同学们也在动手做拟音、设计特效、影像互动的艺术现场感受百年中国电影的光辉历程，体认艺术之美。

　　在"影视艺术导论""中外影视史"等基础理论类课程教学上，艾青实行"艺术+视频论文"的考察方式，更新了长期以来用文字写作课程论文的传统形式，指导学生将理论研究以短视频的艺术形式呈现，既锻炼了学生的视频实操能力，更顺应了新媒体时代对创意型人才培养的新要求。2019—2020学年，"影视艺术导论"课程学生评价排名全院第一，该课程也被列入媒体与传播学院金课建设。

2018年，艾青在"凯原十佳教师"复评大会公开课上，以"解锁蒙太奇"为题，用新颖独特又深入浅出的方式，为在场500位不同专业背景的学生讲解了蒙太奇这一经典的电影艺术手法，赢得了在场同学的热烈掌声，最终取得全场第二的高票，获评上海交通大学"凯原十佳教师"。

授人以渔，引领青年学子走进科研天地

作为教学科研并重型教师，艾青提倡科研与教学兼能互惠，授人以鱼，更授人以渔，以研究反哺教学，激发学生的科研兴趣，引领学生走进科研天地。在美国康奈尔大学访学期间，她成功申报并组织美国比较文学学会（ACLA）年会分论坛，将交大本科生、研究生团队带到国际高水平学术会议进行论文汇报，扩大了交大学生研究成果的国际影响。

艾青长期从事中国电影史论、电影与城市文化、影视跨文化传播等领域的研究，与澳大利亚墨尔本大学亚洲研究院等研究机构开展课题合作，并兼任上海影视戏剧理论研究会理事、中国长三角高校戏剧影视学科联盟理事、中国台港电影研究会台湾电影委员会秘书长、上海文化发展基金会影视项目评审专家等职，已出版多部专著、发表多篇权威核心论文和国际会议论文，主持国家社科、教育部人文社科等多项课题，曾获上海市优秀博士学位论文奖（中国电影史研究领域首篇"优博"）、中国长三角高校戏剧影视学会青年学者评论奖一等奖等。

充分沟通交流是导学关系的重中之重。在课堂之外，艾青常与学生分享自己的科研经验，她担任电影电视系副主任，负责专业科研和外事工作，多次策划组织学术讲座，带领学生参加学术活动，帮助他们组建课题小组，逐渐学会自己发现问题、解决问题、做原创性的成果，助力学科自身的人才培养。她还积极参加学指委举办的"师生共进午餐"项目，面向全校研究生开展跨专业的学术经验交流，帮助学生全面成长。

艾青尤其重视对本科生毕业论文的写作指导，她认为这是发现科研苗子、引领青年学子走上独立研究并发掘自身潜力的重要一步。从提出研究问题、设计研究思路、选择理论方法到论文写作规范，她以身作则培养学生严谨细致的科研

态度。2017年,她指导的陈安霓同学的论文《新媒体语境下的"山影"现象研究》被评为"上海交通大学优异学士学位论文(TOP 1%)",收获了代表交大本科生最高学术水平的荣誉。这位同学毕业后直升北京大学硕博连读,立志走上学术研究的征程,在论文致谢中她这样说道:"艾青老师细致研究的学术态度、深厚务实的知识底蕴与春风化雨的师长情怀,都令我敬佩,也令我感慨:学术研究还有这样一番我过去不曾发现的美好天地。这段经历将成为我今后人生永远珍藏的宝贵财富。"

言传身教,培养德才兼备的新时代创新型人才

"师也者,教之以事而喻诸德也"。教师传授给学生的不仅是学问,更是思想。艾青为人师表,言传身教,始终将培养理想信念与扎实学识并举的新时代传媒艺术人才作为自己教书育人工作的目标。她所指导的学生不仅创作的影视作品获得全国大学生网络文化节、全国大学生公益微电影大赛、上海市大学生网络文化节、全国高校大学生微拍大赛等多个国家级、省部级奖项,还有多位被评为上海市优秀毕业生、上海交通大学优秀毕业生。

作为硕士生导师,艾青特别注重培养学生在实践中、在作品中将价值理念转化为自觉行动,以富有时代活力的艺术语言和创新性的传播模式,描绘中国现实,讲好中国故事,彰显中国精神,服务国家战略和社会文化发展需求。她指导的研究生马姣姣创作的音频作品《献给党的赞歌》讲述了中国共产党的诞生、成长和壮大的历程,荣获2019年全国大学生网络文化节优秀作品奖;指导的研究生汪洋创作剧本《陌生人》荣获2018年全国大学生公益微电影大赛优秀作品奖。

2020年疫情期间,得知马姣姣同学所在家乡开展的抗疫、扶贫活动后,艾青老师鼓励她作为大学生志愿者在家乡协助驻村书记工作,跟踪拍摄第一书记的专题片作为毕业作品,并保持定期线上交流,予以悉心指导。老师对待创作精益求精的态度、关爱他人的社会责任感,为学生树立了一个良好的榜样。马姣姣同学加入了家乡大学生防疫防控临时党支部,助力扶贫投身疫情防控,利用专业所

长拍摄制作"抗疫短视频",并在抖音上创建自媒体账号"小辣姣学姐",更新发布短视频讲述防疫抗疫一线的感人故事;她还以所学知识助力家乡脱贫攻坚,用新媒体对本村农产品直播带货,浏览量总计 200 多万次,点赞量超 10 万,12 家主流媒体聚焦报道,《新闻联播》称赞其"诠释学生党员的责任使命"。马姣姣同学用奋斗的青春告白祖国,展现了新时代交大青年的卓越风采,获评 2020 年上海交通大学学生年度人物、励志典型人物,2021 年上海交通大学校长奖。

26 岁自复旦博士毕业跨上交大讲台时,艾青与她的学生最小年龄差只有 5 岁,十多年倏忽而逝,她甘守三尺讲台,与学生教学相长。在同学们的心目中,艾青既是一位温柔细致、可以交心的好朋友,又是一位认真严谨、以身作则的好导师。为人师,育人德,予人爱,生命因教育而精彩,教育因生命而辉煌,艾青说正是交大这个舞台让她遇见了各种各样优秀的学生,而这些学生也成为她教学人生的珍宝,并激励她继续前行。

韩挺：精心耕耘，静待桃李芬芳；勇于开拓，助力学科发展

【教师名片】

    韩挺，教授，博士生导师，设计学院副院长，医疗机器人研究院双聘教授，教育部"长江学者奖励计划"青年学者（2019），上海浦江人才计划入选者（2013），宝钢优秀教师，唐立新优秀学者，担任教育部工业设计教学指导分委会委员，中国机械工程学会工业设计分会副主任委员，上海市设计之都促进中心管委会委员，上海市教委文创基地负责人，上海市科委科创基地负责人。主要从事工业设计和设计学专业基础课、专业课的教学、科研和社会服务工作。

【名师名言】

    ■ 不论什么专业，都需要创新精神和探索未知的勇气，但更需要热爱生活、善良忠诚的品质！

    ■ 一流高校的一流专业毋庸置疑应该成为专业领域领航者，我们要以什么样的方式和态度追求设计？那必定是向善向美的设计。

    ■ 创新和创意是知识和灵感的碰撞，现在的学生不缺乏眼界，但仍必须用心学习、刻苦钻研、厚积薄发！

    ■ 学生的理想承载着老师的期待和梦想，我精心耕耘，你闪亮芬芳，我们互相激励彼此成就，此乃师者的幸福人生！

教师是一份平凡的工作，不会有惊天动地的壮举，但它能让人满怀希望。韩挺是来自设计学院的教授，博士生导师，从教二十多个春秋，把一生中最美好的年华献给了最热爱的教学教育事业。他为人友善、生活俭朴、勤勉踏实，喜欢和学生一起探索新知，他时常因与学生共同的成长而喜悦，因彼此的收获而幸福，他将学生的成就看作是自己的最高荣誉和最佳奖励。不论在校还是已经毕业的学生，他都一直关心关注着他们的成长和发展，小小的成功他会为他们鼓掌喝彩，一点点失败他会送上自己关切的鼓励。在学生眼里他有学识、有温度、有风度。学高为师，身正为范，他不仅是向学生传授知识，也是在传授学者的态度以及勇于探索的勇气和向善向美的精神。

教书者必先学为人师，脚踏实地勇于攀登

全面提高教育质量需要教师转变教育思想和观念，适应社会需求，积极探索，大胆革新。韩挺正是这样一位脚踏实地，勇于攀登的实践者，他秉承钱学森学长"科学与艺术通融"的初心，与时俱进地更新知识结构；悉心科研，推动设计驱动创新建设一流交叉复合型高端设计人才培养平台。

在教学工作方面，韩挺勇挑重担，近年来，年均完成课程教学工作量 350 学时以上，所任课程受到教师和学生的一致好评。在本科课程教学中，他充分发挥教师、学生两个主体的积极性和主动性，注重加强能力、素质的培养；在研究生培养中，他严抓过程控制，激励创新，激发学生创意思维的积极性，极大提高了课堂学习效果，保证了教学质量；在博士生培养中，他关注学术能力与个人综合能力提升的结合，挖掘各种机会，为学生寻求各种研习机会，自费或利用科研经费支持硕士、博士生赴海内外高校以及各种学术会议学习交流。他主讲的"用户研究方法"和"设计创新的艺术"课程曾获 2019 年度市教委本科重点课程立项。

韩挺在课程教学中重视案例教学，将企业设计实践与课程内容相融合，善于聚焦社会热点需求，开拓创新设计之思路。他自建 14 个课程案例库，已累计录制视频资源 800 多分钟。他在产品设计课程中引入企业赞助和国家医疗机构的支持，以"适老设计"为主题，探究适老智能、原居养老、去子女化、候鸟式养老、

养老地产等设计趋势下养老设施和养老产品更多的可能性,把老年人迫切的隐性需求转化成概念产品设计,并将经验和成果与同行分享,向社会推广。

在推动学科发展和专业建设方面,他倡导内涵式发展,通过产教文教融合的方法更好地实现人才培养、科学研究、社会服务和文化传承的功能。他着力推动设计专业教学和人才培养紧密围绕"设计驱动创新"(Design-driven Innovation)模式,传播融合技术创新、艺术创新、文化创新、人本创新和商业创新的设计 3.0 模型的教育理念;联合浙江大学、同济大学、江南大学等 10 余所学校成立了"中国创新设计产业战略联盟中国设计教育工作委员会"和"长三角创新设计教育协作联盟",通过科技引领、商业驱动、设计创新模式融合的方法,为人才的协同培养机制提供了有效的平台支撑。在 2021 年世界工业设计大会上,韩挺荣获"十佳设计教育工作者"称号。

育人者必先行为世范,授人以鱼不如授人以渔

学高为师,身正为范,为人师者必先正其身,方能教育人。关心爱护学生,平等地对待每一位学生是教师应有的素质。韩挺对学生在学业上悉心指导,在生活上也热情帮助,和学生并肩克服学业和职业生涯发展所面临的各种困难,哪怕是已经毕业多年的学生他仍然关心和关注他们的工作情况和事业发展。对教书和科研他有一种过盛的热爱,心系学生,勤勉努力,孜孜不倦,他是学生真正的良师益友,是有说服力的榜样,更重要的是在学生心中埋下了一颗成才的种子。

教书是手段而育人才是目的,充分地尊重和爱护每一位学生是韩挺固有的习惯和品格,任何人在他面前都不会有拘束感。在进行专业交流中,学生可以大胆发挥肆意想象,在学生心里,他是一位明智的引路者和用心的倾听者。在课程教学中,他也不是一味地表现自己,一味地追求成绩,而是以关爱的心态分析学生的不足与过错,通过多种方式帮助学生厘清思路、激发灵感,进而激励学生的上进心与志趣。他认为,明确目的、获得方法比学会知识更重要,学识与素质造就了他的品格,正所谓"授人以鱼不如授人以渔"。

惟改革者进,惟创新者强。一流高校的一流专业毋庸置疑应该成为专业领

域创新改革的领航者，其教师队伍的责任重，压力大。韩挺作为其中一员，对专业建设和学科发展倾注了大量心血和全部精力。实验室就是他的日常办公场所，在这里他和学生共同学习，随时讨论。"听障儿童语言训练辅助系统"便是实验室里师生灵感碰撞的火花，该产品获得授权发明专利，能有效帮助听障儿童语言训练，在一些医院得到应用和推广。这种教与学的关系不仅输出了知识，更带动了学风。作为工业设计专业指导委员会中的成员，作为中国工程院"中国好设计"的参与者和推动者，他认真对待和组织每一次的讨论研究，立足现在，胸怀未来，向全社会推广创新设计和可持续设计的理念。

为师者必先正其身、省其行，青出于蓝而胜于蓝

"善之本在教，教之本在师"。教师在教书育人中，除了言传，便是身教。古人说"其身正，不令而行从"，意思就是若想正人、必先正己。韩挺从教近二十年，以热爱、严谨、忠诚、奉献为师德本色，以仁爱之心教育和感染学生、化解矛盾，用智慧化解难题。他是一位容易被感动的老师，同时他也感动着身边的每一位师生。

为追求更高质量的课堂效果，韩挺认真准备每一堂课。目前已有两门专业课程获市教委本科重点课程，2021年荣获市级高校本科重点教改项目一项。他为全校本科生开设的通识教育课"设计创新的艺术"曾获校优质通识课荣誉。他积极指导学生团队开展创新计划，他的团队在国内外"双创"竞赛中斩获重要奖项近20项。他指导的儿童的言语训练产品——"新声"在第一财经频道《创客星球》发起公益众筹支撑进一步的研发。

韩挺曾经连续三个暑假带领团队走访黔东南20多个贫困村落调研，开展设计扶贫创研活动。他秉持传承、创新、可持续发展的设计理念，引导学生学习非物质文化所蕴含的精神价值、思维方式、想象力和文化意识，和学生一起分析论证，提出有效的发展和保护策划方案，为非物质文化遗产的保护和发展贡献自己的力量。他主持的"新时代・新非遗・新发展——设计力量助力非遗文化传承与乡村振兴融合发展"项目于2020年"知行杯"上海市大学生社会实践项目大

赛获得特等奖。

韩挺的学生分布于国家重点重大工程制造行业、前沿科技行业、文创服务行业等各个领域,毕业生质量得到用人单位的高度评价,更有毕业生入选福布斯中国精英榜单。

"十年树木百年树人"八个字诠释出教育的逻辑规律,也道出了教师的万般辛苦。学生的理想承载着韩挺的期待和梦想,他享受青出于蓝更胜于蓝的欣慰和喜悦,满怀期待,精心耕耘,把学生的成就视为自己的最高荣誉和最佳奖励。他说,这是"彼此成就的幸福人生"!

张小群：因材施教善育人，孜孜不倦勤科研

【名师名片】

张小群，上海交通大学2021年"教书育人奖"二等奖获得者。上海交通大学自然科学研究院/数学科学学院特聘教授。武汉大学毕业，法国南布列塔尼大学获博士学位。2011年入选上海市浦江人才计划，2013年获教育部新世纪优秀人才称号，2020年获国家学衔。发表SCI论文50余篇，期刊亮点论文2篇，2011年相关文章获"中国百篇最具影响国际学术论文"。

【名师名言】

- 因材施教是对每一位学生最好的尊重。
- 科学探索，贵在求真务实。
- 重视学生科研兴趣、科学敏感与实践能力的培养。

不计辛勤一砚寒,幽谷飞香不一般。三尺讲台前,她是学生的良师益友,教书育人;三尺讲台下,她是孜孜不倦的科研学者,深耕不辍。她一路默默耕耘,甘守磨砺,只为桃李竞相开。她就是上海交通大学 2021 年"教书育人奖"二等奖获得者——自然科学研究院/数学科学学院张小群教授。

因材施教,潜心教学

张小群始终认为:因材施教是对每一位学生最好的尊重。初入纷繁复杂的数学世界,很多学生难以找到适合自己的研究方向,张小群的耐心与包容常常能给学生们吃下一颗"定心丸"。她充分尊重学生兴趣,结合学生自身情况,给予他们更多的选择和指引。在张小群看来,她和学生更像是亲密的合作关系。她与学生共同探索,这种双向反馈的学习模式,将更多主动权交给了学生。从提出问题到找寻答案,学生在这个过程中享受到科研纯粹的乐趣,拥有独立思考的能力,从而成为自己科研的"主人"。

张小群特别注重培养学生的自主学习能力和思辨能力,因此在课程设计上下了一番功夫。作为致远学院数学方向的授课老师,张小群根据"基础学科拔尖学生培养试验计划"方案,新开设"数据科学基础"课程,并结合学科交叉融合发展的特点,精心设计讲义。教学过程中,她格外重视训练学生的基础科研素质,采取平时作业、课程大作业、期末考试以及课堂汇报等课程考核方式,极大调动学生的参与积极性和学习自主性。除了教授课程内容,她还注重培养学生科学报告书写演示、交流表达等综合能力。张小群希望学生在完成课程作业的过程中,涉猎领域内更广泛的知识,培养科学问题的高品位和高敏感度。

自 2010 年加入上海交通大学以来,张小群就以教书育人为己任,承担本科生、研究生的教学工作,指导本科生论文毕业设计。在指导论文时,学生的每一篇文章在被张小群批阅后,都会留下密密麻麻的批注,小到时态、错别字,大到整篇文章的逻辑结构、论文规范,再到公式与实验结果的推敲。张小群一丝不苟的学术精神,潜移默化中影响着学生的科研态度,极大鼓舞着正在科研路上奋力前行的学生们。

润物无声，匠心育人

作为科研工作者，张小群经常教导学生不仅要注重产出成果，更要关心如何应用研究成果，解决实际问题，将知识的社会效用最大化。出于这样的考虑，张小群非常重视学术讨论与交流，鼓励学生参加各种学术会议，产生思想碰撞，从而激发学生的创造力。

在与学生的交流中，张小群总是既能认真考量学生的能力与兴趣、问题复杂程度与实际应用意义，又能教会学生如何安排时间，找到科学问题和工程项目间的平衡，既能劝诫学生"不打无准备之仗"，又能不过多干涉学生的科研兴趣，随时与学生分享有价值的文章并讨论。有学生这样评价张小群：正如孙子兵法《谋攻篇》中"故知胜有五"，张老师五胜占五，是我们眼中"能打胜仗的将军"。课堂之外的张小群亲切和蔼，对学生来说是亦师亦友、不可或缺的存在。他们乐于和张小群分享生活，而张小群也总是像位大姐姐一样，以过来人的身份分享她的经验，不厌其烦地开导学生以乐观积极的人生态度面对生活，时刻叮嘱在外交流的学生注意安全，这让学生们倍感温暖。在张小群看来，科研能力的培养固然重要，但让学生树立正确的世界观、人生观和价值观也不容忽视。在和学生相处的过程中，张小群有意识地培养学生人际交往、组织沟通和情绪调控能力，促进学生全面发展。

孜孜求索，静心科研

张小群长期致力于图像处理、医学图像、数据科学等问题中的数学建模与计算方法的研究，她将求真务实、服务社会作为科学信仰，以勇攀高峰的科学精神在学术前沿孜孜求索，不断取得突破性成果。截至目前，张小群正式发表了 50 余篇 SCI 论文，SCIE 引用次数 1 900 余次，ESI 高引论文 4 篇，其中一篇论文获 2011 年"中国百篇最具影响国际学术论文"，她在多个国际国内重要行业会议上作大会报告。

张小群多次获得国家级学衔。自 2016 年起，她担任 SCI 杂志 *Inverse problems and Imaging* 编委，CSIAM 大数据与人工智能专业委员会第一届专委会委员，CSIAM 数学与医学交叉学科专业委员会委员。2021 年 5 月，任上海交通大学-金赛药业"数字医疗创新实验室"联合主任，致力于应用数学医疗创新方面的落地研究与成果转化等工作。

学高为师，身正为范，严以律己，孜孜以求，张小群始终用心用爱诠释教书育人的神圣使命！

曹晖：不忘初心，大医精诚，展现仁术济世风采

【名师名片】

曹晖，医学博士，主任医师，博士生导师，外科学二级教授，上海交通大学2021年"教书育人奖"二等奖获得者。长期从事胃肠道肿瘤的临床诊治研究，是我国该领域著名外科专家。现任上海交通大学医学院附属仁济医院外科教研室主任兼大外科主任、仁济医院医学伦理委员会主任委员、胃肠外科主任、住院医师规范化培训基地主任。担任中华医学会外科学分会胃肠外科学组委员，中华医学会肿瘤学分会胃肠学组委员，中国医师协会外科医师分会常委，中国医师协会外科医师分会胃肠间质瘤诊疗专委会主任委员，中国临床肿瘤学会（CSCO）胃肠间质瘤专委会副主任委员，中国抗癌协会胃肠间质瘤专委会副主任委员，上海医学会普外科专委会副主任委员、上海医师协会普外科专科分会副会长。主持或参与中国胃肠间质瘤及胃癌各版专家共识编写，参编《外科学》全国统编教材、《黄家驷外科学》及各类外科专著，承担国家及省部级等课题十余项。获上海交通大学优秀教师、医学院优秀教师、全国百名"住院医师心中的好老师"，全国优秀教师奖"宝钢优秀教师奖""仁心医者·上海市杰出专科医师奖""上海市优秀学术带头人""上海市领军人才""国之名医-卓越建树"等称号。

【名师名言】

■ 医者不只是一种安身立命的职业，更是一种治病救人、大爱无疆的信仰和追求。

■ 成功的过程就是设定目标、付出努力、遭遇失败、解决困难、达成目标。年轻人必须了解,失败并不可怕,但只有朝既定目标迈进的失败才有可能是成功之母。

■ 多观察、多思考、勤学习、勤参与,根据自身的所长和兴趣点找到清晰的,乐于为之奋斗终身的职业方向。

■ 医者需要严谨的工作态度、高尚的职业操守、科学的思维方法,这些绝不是灵光乍见、妙手偶得,而是长期深耕才能掌握的基本功。

2021 年上海交通大学"教书育人奖"二等奖的荣誉对于曹晖而言实至名归。曹晖现任上海交通大学医学院附属仁济医院外科教研室主任兼大外科主任、医学伦理委员会主任委员、胃肠外科主任、住院医师规范化培训基地主任。曾获全国百名"住院医师心中的好老师",全国优秀教师奖-宝钢优秀教师奖、"仁心医者·上海市杰出专科医师奖"等多项荣誉。他始终一如既往地全身心投入到临床、教学、科研和管理工作中,积极参与上海渥太华联合医学院的国际化教学和消化系统的整合教学,大力推进科室改革,使普外科、胃肠外科在近年来得到了更快更好的发展。

不忘初心,大医精诚,展仁术济世之风采

"不忘初心"是曹晖常常挂在嘴边教导和勉励青年医生的一句话,面对如今很多青年医生对于当初选择"医生"这个职业出现的迷茫和彷徨,曹晖总是喜欢用当初自己的经历来鼓励和激励他们。不久之前,一位年轻住院医生在处理病人的相关事宜时漫不经心,恰好被刚查完房的曹晖看见了,他当场问明事情原委,在安抚好患者及患者家属并等他们离开后,曹晖将先前的事情经过进行了耐心的讲解,并对在场医生提出了几个问题:"如果刚才的病人是你们的亲属亲人,你们会这样处理吗? 你们有没有设身处地地站在病人的角度换位思考一下?你们这样还能称得上是一名合格的医生?"短短几句话像一记组合拳打在每个人的心头,大家都陷入了沉思。外科医生的工作强度和压力都非常大,但曹晖对病人始终如春风一般温和,再难沟通的病人在他的劝慰和疏导下,总是满意而回。他对全科室医生提出这样的要求、作为一名优秀合格的外科医生必须具备责任、担当、职操、良心、业务、经验、能力、判断、分析、冷静、果断的品质,要通过讨论、请教、互助和协调来规范和实施自己的医疗行为。

倾注心血,爱生如子,铸师德之风范

作为外科学的主讲教师,近年来曹晖全身心地投入到消化系统整合课程的

教学和上海渥太华联合医学的国际化教学中。尤其是作为国内知名胃癌领域内的专家，他担纲胃癌章节的大课授课任务，在教学中特别注重启发学生的思维，善于将外科学的悠久历史和现代外科学标准化、规范化、微创化、精准化、个体化的特点紧密结合，引入最前沿的国际新理念，大大激发了学生的学习兴趣。自2017年起，消化系统整合课程开始筹备，曹晖受邀作为主讲教师共同负责胃癌章节的讲课，对于这种联合授课的模式，他积极参与，并通过翻阅国内外各种资料和最新指南，力求寻找到联合授课的切入点，让学生们通过授课模式的改革收获更多知识。

作为研究生导师，曹晖带教多名科研型博士研究生和八年制临床型博士研究生。对于学生，他不但在专业上悉心指导，在生活上也对他们倍加关心。一位来自中国台湾的加拿大籍博士研究生在博士期间，由于要奔波于医院和交大闵行实验室之间，常常来不及吃饭，知晓他孤身一人在上海打拼，曹晖在生活上对他关心有加，不仅特地去学生租借的房子查看居住环境，还常常把他叫到家中吃饭改善伙食，在节假期间时常鼓励他回家探亲，切实为他排忧解难，热心帮助其解决其学业、生活、工作和思想上的问题。

收获金秋，硕果累累，创学科发展新高度

曹晖在胃癌、胃肠间质瘤的外科综合治疗及临床、基础研究具有丰富的经验，是国内该领域著名外科专家，担任上海医学会普外科专委会副主任委员，仁济医院胃癌多学科协作MDT团队首席专家。作为主要执笔人编写《中国胃肠间质瘤规范化手术治疗专家共识》《酪氨酸激酶抑制剂治疗胃肠间质瘤不良反应及处理专家共识》，参编《中国消化道黏膜下肿瘤内镜诊治专家共识》《中国腹腔镜胃癌根治手术质量控制专家共识》《中国胃癌消化道重建器械吻合专家共识》《中国机器人胃癌手术专家共识》等。曹晖负责的项目，顺利通过了卫生部"国家临床重点专科"项目终期评审。在他的带领下，仁济医院胃肠外科在上海申康医院发展中心重点病种手术及上海各医院中名列前茅，科室获得科研成果多项及多项各级人才培养计划，奠定了仁济胃肠外科在国内的实力和品牌影响

力。同时,曹晖作为主要分中心的 PI 参与了多项国内多中心的临床研究并得到了同行的肯定和认可。

曹晖对教学和医学事业的付出,不仅赢得了学生的尊重,也获得了同行的认可。面对荣誉,他谦虚地表示:"这是同行对我的一种鼓励,我很欣慰,也很珍惜。我将把这一荣誉作为人生的加油站,继续努力工作,为社会培育更多更优秀的医学人才。"

师道尊严,甘为人梯,牢固树立教育信仰

桃李不言,下自成蹊。曹晖重视青年医生培养,爱才惜才的品德在业内有口皆碑。每每遇到有志成为优秀外科医生的年轻人,他都会竭尽全力为其提供发展机遇和平台。不仅是自己的学生,许多来过胃肠外科轮转的规培医生、专培医生、其他科室的研究生包括本科阶段实习的大学生,都得到过曹老师这位"伯乐"的发展助力。

作为仁济医院大外科教研室主任,曹晖治学严谨、诲人不倦、甘为人梯的态度令人钦佩。正如他在医院庆祝第 37 个教师节大会上作为教师代表发言时提到的:人要主动适应环境,而非让环境来迁就你,如今的年轻人物质是非常富有,即便是"躺平"也能活下去,但如何适应这个世界的飞速变化,创造出属于自己的精彩人生,是值得青年医生和医学生好好探讨与思考的问题。

时间就像一块试金石。人生的马拉松中,选择了医学、选择了交医、选择了仁济医院是曹晖无悔的青春,仁济造就了他、培养了他,他一生都将奉献给这座伟大的医院。

李青峰：医者仁心，师者仁爱

【名师名片】

李青峰，上海交通大学医学院附属第九人民医院整复外科主任、博士研究生导师，国家教育部"长江学者"特聘教授，国家"杰出青年"基金和宝钢优秀教师获奖得者。行医执教三十余年，主持"整形外科学"本科、长学制和研究生的授课；担任全国整形外科规范化培训专委会主委，主编全国规划教材《整形外科住培教材》《整形外科专培教材》和《整形外科研究生教材》等；主持首批我国"整形外科专科医生规范化培训"试点工作，承担卫生部高级师资培训班、继续教育项目等。

【名师名言】

- 兴趣是最好的老师，教学在于激发兴趣。
- 天赋是最好的钥匙，教育要因势利导。
- 医者，仅有知识和技术是不够的，更要有悬壶济世、敬畏生命的医者之心。

"关爱病人，以救治为己任"是李青峰长期从医执教所认定的医学教育的核心。为此，他一直秉承"医者仁心，精益求精"的信念，注重对医学生扎实的专业知识、良好的人文素质的培养，并以身作则，身体力行。

教书育人：秉承医者仁心，践行言传身教

生动的教学，成就最受欢迎的专业。整复外科学，是二战中产生的一门现代医学专科，并随着工业、交通、能源的发展为伤患救治和社会发展起了重要作用。同时，这一学科也是体现人类进步和人文关怀的一门特殊医学专科。结合这一学科特点，李青峰在总论的理论教学中，通过历史故事、重大事件以及伦理、心理、社会问题的讲述，生动展示了让"伤者不残、残者不废"，让"生者更健康"的学科宗旨，较好地体现了医者不仅仅医伤、医病，更是医人、医心的现代医学目标，也让学生理解了医学的本质和医生职业的神圣，找到了学习的出发点和动力。

这种饱含人文精神的教学，也为李青峰所在的医院赢得了众多本科生考研、择业的青睐。多年来，他所在的学科也成为学校"本-博"八年制学生选择最多的科室和专业，在吸引拔尖人才的激烈竞争中一枝独秀。

十余年"业余课堂"形成了"课堂-临床"结合的生动人文教学模式。医学是实践的科学，人文更是活生生的体验。为让学生们理解、体会作为医者在技术上必须精益求精，在人文上应仁心、仁爱的深刻内涵，李青峰团队坚持十余年，在繁忙工作之余，每周周四利用晚上时间开展临床教学，这也吸引了许多大三、大四的本科生，以及"本-博"连读的学生们。通过一个个临床案例的分析，大家理解了疾病的诊治，也理解了病员、伤者的痛楚和医生诊疗技术的重要性。

教学创新：提出"四阶一体"的教学模式

在长期的教学实践中，李青峰体会到医学教育的重大变化：一是本科生教育转变为"本-硕-博"一贯制教育，已成为全球医生教育的主流方式之一；二是

理论教学不再孤立,应整合为"理论-临床-理论"的交替模式。为此,他建立了自己的教学理念,通过"兴趣-启发-尝试-深入"不同侧重点的四个教育阶段,让学生一步步深入医学殿堂,而不为医学学习的枯燥、繁重所阻碍、放弃。同时,几个阶梯能让学生找到自己的特点、所长,并选择合适的专业和发展方向,较好地完成从"大学生-研究生-医生"的一体化培养模式。

在实际教学中,李青峰将四个教育阶段任务主要分为:① 在基础教学即初期理论课阶段,教学重点是让本科生对临床医学感兴趣,而非单纯掌握知识点,即通过社会与学科发展的生动历史激发学生对专业的兴趣;② 在通科教学阶段,主要通过临床专业疾病诊疗中有重大影响的故事,如"肾移植的发明""皮肤软组织扩张器的发明"等的讲述启发学生创新思维,并在临床和科研的见习中,让学生学习相关研究和思考的逻辑方法;③ 在第三阶段,学生进入专科学习之前,让学生尽早加入相关项目的研究,尝试综述文献、设计实验,以使学生对自己的兴趣和特长有所了解,以选择未来方向;④ 在专科教学即硕、博士阶段,系统就一疾病的研究,进行深入的实质性研究工作。这四个阶段,循序渐进,符合医学生成长规律,有效避免了教育的碎片化,从而取得了良好的教学效果。

教学成果:桃李无言 下自成蹊

多年来,李青峰在教学上默默耕耘,先后为千余名本科生授课,指导毕业了近百余名"本-博"八年制学生、硕博士研究生和博士后科研人员。学生中有3人次获得"上海市科技英才""上海浦江人才计划"等人才计划;7人次获得上海市优秀研究生、研究生优秀成果奖和上海交通大学优秀毕业生;5人次先后获得国际实验显微外科学会(ISEM)大会的 Z.Robert Award 奖、美国 ASPS 年度 Best Paper-Award、美国 ASAPS 年度 IBP-Award 奖等。

同时,李青峰承担了卫生部高级师资培训班教学任务,多年来,为全国培养2 000 余名整形医师专科师资人才,为全国各高等院校的整形外科教学输送了大量教师。

在本科生教学中,李青峰担任上海交通大学医学院与九院临床医学院的

"整形外科学""显微外科学"二项课程教学任务。"整形外科学"入选上海交通大学医学院精品课程、上海交通大学医学院优秀教学团队、上海市教委重点课程建设项目和上海交通大学医学院优秀选修课程;李青峰指导的第六期国家大学生创新性实验计划,获全国优胜奖;李青峰因在教学上的突出成绩,先后获得"上海医药医学教育奖"和"年度理论授课优秀教师"。

在教材建设上,李青峰负责全国统编教材《外科学》(郑永生主编)及《黄家驷外科学》整形外科章节编写。同时,他主编了《全国整形外科住院医师规培教材》《全国整形外科学研究生规范化培训教材》《中国整形外科学(第二卷)》,正在主编《全国整形外科专科医师规培教材》、上海医师协会整形外科《医师考核培训规范教程》等教材,以及《头面部烧伤重建外科》《自体脂肪移植技术》《创伤整形与重建外科学》等专著。李青峰积极推动全国整形外科医师规范化培训工作,担任全国整形外科规范化培训专委会主委,为全国医师的规范化培养和制度建设作出了积极贡献。

教育基础: 日积月累,领先学科

修身齐人,成果丰硕。作为一名医生和教师,李青峰几十年来一直践行着"医者仁心,以救治为己任"的诺言,长期不辞辛苦、尽心尽责地诊治每一位患者,也感动着每位患者,深受病人信赖和赞美,全国各地慕名前来就医的病人络绎不绝。

同时,李青峰刻苦钻研,精益求精,在多种疾病的诊治上走在国际前沿,筑成了我国的技术高地,在国际上赢得了良好声誉,特别是在头面部烧(创)伤的修复重建治疗中,他先后提出了"组织预构修复(Tissue Prefabrication and Transfer)"的理念、软组织重建的"MLT"原则和头面部烧伤畸形的分类和治疗方法,并先后建立了预构颈胸皮瓣、口罩皮瓣等多种新术式,该系列成果的多篇文章以封面文章和主编述评等形式发表在本专业著名的学术期刊。他还创建了标志性的"自体全脸面预构重建"技术,在疑难病的治疗上国际领先,获得国家科学技术进步奖,同时也为美国著名的 ScienceDaily 网站所报道,被誉为"中国式换脸"(Chinese

Method）。国际重建外科协会主席、英国整复外科杂志主编、美国颅面外科杂志主编分别撰文评价了李青峰团队在这一领域的重要工作。

"代代名师，德重恩弘，递薪传火"，李青峰所在学科——上海交通大学医学院附属第九人民医院整复外科，是中国整形外科的发源地之一，是国家重点学科和国际上诊疗规模最大的整形外科中心，也是我国在国际上有重要影响力的学科之一。在李青峰的带领下，学科始终秉持和弘扬学科创始人张涤生院士"勇于创新，追求卓越"的精神，继承学科老一辈专家王炜、关文祥、黄文义等"精益求精、乐于奉献"的作风，推动中国整形外科医学事业的进步与发展。学科目前设有显微重建外科、颅面外科、烧伤整形外科、淋巴水肿专科、血管瘤专科等七大专科。年诊治 30 万余人次，连续十一年蝉联全国"最佳声誉专科"第一名，连续七年蝉联"学科科研竞争力"全国第一名。在学科发展和管理中，李青峰良好应对了医疗行业转型中的诸多复杂矛盾，较好解决了公益与市场、科研与医疗等不同层次的矛盾，保持了学科的良好发展。

李青峰作为每年 3 月主办的上海国际整形外科会议大会主席，至今已成功主持召开了 10 次大会。会议开设十多个专业论坛进行授课交流，来自国内外 2 000~3 000 余名相关专业医师参加，共促国际交流，成为本学科领域最具影响力的学术盛会。在李青峰的倡议下，该会议已发展成为"整形科技周"，更广泛地汇集了学科领军人物并提供丰富科技资讯，更深度地展示了学科最新进展和交流行业焦点问题，从而较好地将论坛讨论、课程培训、临床手术示范、医生教育如住培专培、最新的学术信息交流、最新的设备仪器药物展示几大功能结合在了一起。

李青峰执教从医三十多年来，教书育人，关爱患者，不畏艰辛，刻苦钻研。他以精湛医术、孜孜不倦甘为人梯的师长风范、心系学科励精图治的赤子之心、超乎常人的坚韧以及对事业虔诚执着，付出辛苦，倾注心血，体现了一代优秀教育工作者无私奉献的优良风范。

"教书育人奖"团队奖

生命科学与技术国家级实验教学示范中心实验实践教学团队：立德树人不辱使命 教书育人谱写新篇

【团队名片】

生命科学与技术国家级实验教学示范中心实验实践教学团队有专职实验教学教师10人，在两任主任的带领下，连续11年获上海交通大学"实验室管理先进集体"称号，曾评为"上海市巾帼文明岗"。团队坚持立德树人的根本任务，形成了"厚德尚学，突出实践育人；聚力创新，强化科研训练"的中心文化，建立了创新人才培养实验实践教学体系，持续推进教学改革，广泛开展多种形式的生命科学普及教育，并作为多个同行组织的带头单位，在全国生物学实验教学改革和大学生科创活动中发挥示范引领作用。团队成员近年获上海市教学成果一等奖/二等奖、上海交通大学卓越教学奖、上海交通大学卓越奖励计划、上海交通大学烛光奖励计划等多项荣誉，获批国家一流课程3门，成果丰硕，声誉卓著。

【团队名言】

■ 坚持"四位一体"育人理念，践行立德树人初心，秉承"厚德尚学，突出实践育人；聚力创新，强化科研训练"的中心育人文化，建立多维度、分层次、开放式的创新人才培养实验实践教学体系。

■ 加强信息化建设，持续推动课程内涵建设；以能力培养为导向，融入课程思政，重视科研转化本科实验教学项目，全面提高学生各项能力。

■ 在教书育人的道路上团结进取，群策群力，用实际行动为教育事业贡献自己的智慧和力量。

这是一支活跃在生命科学实验实践教学一线的团队,该团队经过近十年的建设与发展,成为两个国家级人才培养基地、三个一流本科专业及生物学一流学科本科生培养的重要支撑,是上海交通大学生命科学技术学院的教学名片,引领着全国生物学实验实践教学的改革,曾多次获得国家级、上海市级、校级荣誉。他们坚持立德树人不辱使命,在教书育人的过程中不断谱写新篇。

量质并进,建立创新人才培养实验实践教学体系

依托一流生物学科的科研优势,建立创新人才培养实验实践教学体系。生命科学与技术国家级实验教学示范中心(以下简称"实验教学中心")设有生命科学普及实验、专业基础实验、专业综合与学科交叉实验、工程训练实验、开放性创新型科研实训等五个层次,重在创新思维培养,适用于不同专业学生。实验教学中心作为国家级生物学理科人才培养基地、国家级生命科学与技术人才培养基地以及三个一流本科专业及生物学一流学科本科生培养的重要支撑,面向生农医药等学院和致远学院开设生物学实验课程,并为全校非生物类专业学生开设实验探索课程。

团队教师负责实验课程的授课、全过程指导、实验准备、课程建设等一系列工作,每年开设实验数超过200项,五年来面向9 600多名学生,人均学时数达到30万,五年年均开设40门实验课程,承担课时占学院总学时的30%以上。团队重视将科学研究成果转化到实验教学中,开发出融入学科新进展、反映研究热点与趋势的特色实验项目。近五年科研转化本科实验教学项目21项,其中自由流电泳分离纯化实验在2016年"国家级实验教学示范中心十年成果展"获优秀实验教学展示成果一等奖。科研转化实验教学项目更能激发学生的学习兴趣,学生们表示,这些内容的学习有益于训练严谨的科研思维,为他们进行科研训练打下了良好的基础。

勇攀高峰,持续推动课程内涵建设

团队持续开展教学改革,以能力培养为导向,强调"价值引领、知识探究、能

力建设、人格养成"的有机统一,将课程思政融入所有课程,团队教师言传身教,默默奉献,以现代信息技术促进实验教学模式的改革与实验教学效果的提升,各种信息化建设的成果和软硬件投入一线教学,让广大学生受益,取得了显著成绩。团队教师与公司合作研发的基于智能手机的教学工具"实验教学智能互动系统",推动了实验教学模式的改革,已在全国近百所高校推广使用。团队与校慕课平台"好大学在线"合作,将全部实验课程转化为在线课程。其中,"生命科学导论"于 2017 年获评"国家精品在线开放课程"。教学团队还构建了"在线生命科学实验安全教育平台",自 2016 年起已有包括本科生及研究生在内的 5 000 多名学生在该平台上进行在线学习,学生反馈良好。

多元化教学方法助力课程内涵建设。团队教师们积极进取,内部已经形成了学习、探索、实践的良好氛围,教师们不断学习新的教学方法并运用在自己的课程当中,收获了丰硕的成绩。团队在 2016、2017、2019 年全国高校生命科学类微课教学比赛中共获一等奖 2 项,三等奖 1 项,教学风采奖、教学设计奖、制作奖各 1 项,并获"优秀组织奖";2017 年获全国细胞生物学微课比赛二等奖;2019 年获全国高校混合式教学设计创新大赛一等奖 1 项、优胜奖 1 项……"翻转-混合式教学""虚实结合的混合式教学""菜单式教学内容"的实践,充分发挥了学生的主动学习能力,真正做到了因人施教、因材施教,得到了同学们的高度认可。

团队持续推动课程内涵建设,实验课程的教学效果不断提高,涌现出一批优秀课程与教学成果。近五年,"生命科学导论""生命科学实验探索""微生物的世界"3 门课程入选首批国家级一流课程;"生命伦理学""微生物学实验""细胞生物学实验"3 门课程入选上海市重点建设课程;2 个虚拟仿真项目获上海高等学校一流本科课程——虚拟仿真实验教学课程;团队教师获上海市教学成果一等奖、二等奖共 2 项,获上海交通大学教学成果奖特等奖、一等奖、二等奖共 4 项;承担各类教改项目 69 项;主编出版实验类教材 3 本。

众志成城,用初心践行科普教育

团队还开展了多种形式的生命科学普及教育。以国家级教学成果一等奖

"生命科学公共课程体系的构建与实践"项目为基础,团队不仅在全校和全国非生物类本科生中开展生命科学普及教育,而且持续在中小学推广生物学实验实践教育。团队承担冬令营、夏令营、开放日等青少年科普教育活动,每年平均受益青少年达 300 人以上;开展中学教师培训,提高初高中生物老师专业能力;团队教师受邀到上海中学、交大附中、位育中学等上海市著名中学创建生命科学创新实验室,普及现代生物技术实验教学课程,开设专题讲座,开展研究课题。团队指导本科生暑期社会实践"显微知著"项目,2018 年以来,累计向中西部 4 地 5 校捐赠 123 台显微镜,送仪器、送教材、送课程、送培训,在当地建设生物学教学实验室,为西部青少年开展科普教育,项目获得上海市"知行杯"大学生社会实践项目大赛一等奖、"寻找全国大学生百强社会实践团队活动"最佳实践团队等多项荣誉。

锐意创新,发挥示范引领作用

团队在全国生物学实验教学改革中发挥示范引领作用。实验教学中心作为全国高校国家级实验教学示范中心联席会生物与食品组组长单位、华东五校国家级生物学实验教学示范中心联盟主持单位,倡导和组织教改活动,主导教改方向,对生物学实验的核心实验课程教改研讨实现了系统化、常规化。团队承办多个由教育部委托的全国性生命科学教学会议,有 100 多所国内外高校的同行前来学习交流;有 30 余所高校的实验教学中心专程前来学习交流;每年有 10 余人次在各教学论坛上受邀作报告,向同行传授自己的经验,与同行之间交流学习。

实验教学中心还十分重视学生的科创活动。作为全国大学生生命科学创新创业竞赛的秘书长单位,团队负责赛事组织工作,近三年每年参加竞赛学生达16 000 人,该项赛事于 2021 年成功入选全国大学生竞赛排行榜;负责组建了全国及上海市、上海交大三级生命科学竞赛,培养大学生创新能力,声誉卓著;组织训练学校本科生参加竞赛,创新实验室对参与竞赛学生实现 24 小时全天候开放。团队教师会针对不同的竞赛进行赛前动员、政策解读;通过校内赛或校内科创项目选拔可行的项目,孵育参加市级、国家级各类竞赛;对于进入决赛的项目进行赛前指导,组织参赛……学生们每年在国际基因工程机器大赛(iGEM)、全国生命科学竞赛、上海市生命科学竞赛中荣获金奖、一等奖、二等奖等多个奖项。优秀的科创育人平台不仅让生命学院的学生受益,还吸引了农生学院、药学院、生物医学工程学院等相关专业的学生走向生命科学竞赛的舞台。

就是这样一支充满活力、富有经验的实干队伍,在两任主任的带领下,连续11年获上海交通大学"实验室管理先进集体"称号,曾获评"上海市巾帼文明岗"。生物学的实验课程周期长、实验材料多、课程准备复杂,团队教师身兼多个角色,具有突出的专业能力。他们中有国家级教学名师、上海市育才奖、上海交通大学教书育人奖(个人)、上海交通大学卓越教学奖、上海交通大学卓越奖励计划、上海交通大学烛光奖励计划等多项荣誉获得者。他们珍惜与热爱教师职业,以身作则,以德育才,做好学生的良师益友。"常修为师之德,常怀崇教之心",该团队真正把从教作为崇高的事业,矢志不渝坚守奉献,用实际行动为教育事业贡献自己的智慧和力量。他们在教书育人的道路上,不忘初心,砥砺前行,勇于探索,敢为人先。团队将不断探索、实践、推广、示范,更好地为生命学科创新人才培养作出贡献。

大学物理实验教学团队：让学生在动手中走近科学世界

【团队名片】

大学物理实验教学团队，上海交通大学 2021 年"教书育人奖"二等奖获奖团队。由物理与天文学院王宇兴副教授领队负责，包括沈学浩、王锦辉、周红、潘葳、罗旭东、张小灵、孙存英、赵西梅、刘嘉滨、贺莉蓉、黄学东、王瑗、王宇清、胡晓、于帆等 15 位老师。团队承担物理实验课 18 门，年教学量近 16 万（人时），是全校覆盖面最大的实验教学课程。2018 年承担全国中学生物理竞赛的实验竞赛工作；2019 年"大学物理实验"慕课，获得国家级精品在线开放课程；承担完成了多项实验教改项目，在国内外大会作报告 15 次，发表教学研究论文数十篇，指导大学生物理实验等竞赛多次获得全国和上海市一等奖。2020 年完成了约 2 500 人的大规模实验课程的线上教学工作。

【名师名言】

■ 问号是打开科学大门的钥匙，要想走进这扇大门，就要在实验中不倦地寻觅问号。

■ 坚持使用通用和开放的实验设备，避免"黑盒子"，让同学"知其然"更"知其所以然"。

■ "实验是教学的形，育人是教学的魂"，通过物理实验育人是实验教学的最终目标。

■ 用更好的设备做出更好的实验并不值得骄傲，在同样设备条件下做出更好的结果才是研究者价值的体现。

■理论课是一条线,注重知识体系与逻辑链条;实验课是一个面,更注重对多方面知识和能力的综合培养和运用。

■从"在实验中学习和验证理论"到"在实验中发展和创新理论",就完成了从"学生"到"创新人才"的质变。

这是一支功绩卓著的队伍,自1997年起创立至今斩获了不计其数的荣誉与奖项;这是一支全方位攻坚克难的教学团队,从实验建设、教学改革到品牌树立,历经了无数的考验。上海交通大学物理与天文学院大学物理实验教学团队筚路蓝缕、艰苦奋斗,是当之无愧的明星教学团队,并以优异的成绩荣获上海交通大学2021年"教书育人奖"团体二等奖。

以实验为主的专业团队,以诚心授业的教学标兵

大学物理实验教学团队是一支不足20人的精简队伍,包含专职教师6人,实验技术人员11人。寒来暑往,线上线下,他们每年面向6 000余名本科生授课,开设物理实验课程18门,实验教学人时数近16万。在承担庞大的实验教学任务的过程中,每位老师兢兢业业的奉献让团队在开疆拓土的过程中不断进步。2005年,由团队首创的"大学物理实验"课被评为国家精品课程;2006年,大学物理实验中心获评首批国家级"物理实验教学示范中心",并于2013年以优秀成绩通过验收;2008年,大学物理实验教学团队获评上海市和国家级教学团队。

在许多学生的眼里,大学物理实验教学团队为大家创造了探索与创新的乐园。他们说,自己是在物理实验课程的引导下才第一次接触了"真正"的物理实验,第一次接受了系统而规范的实验教育,真正学习和锻炼了实验经验和技巧。实验是物理乃至所有工科学习中的基础板块,它和理论物理相生相长、共促共进,在学界的相关奖项中,实验物理的成果更是一骑绝尘、独占鳌头。大学物理实验团队在巩固理论学习和书本知识的基础上,不断夯实基础实验,带领学生实践与演练相关实验,不断总结教学中的经验,创新实验项目,真正做到了"从理论到实际,从知识到创新"的产学研相结合。

团队坚持"兴趣驱动、问题引导"。在实验教学中,指导教师们以虚拟实验、演示实验和操作实验相结合的实验方式为学生展示了制作单极电动机(电磁感应实验)、压缩点火、热机(气体方程实验)、磁悬浮、速冻葡萄(液氮汽化热实验)、牛顿摆、打靶比赛(碰撞打靶实验)等经典有趣的实验内容,激发了同学们的实验兴趣,通过层次性的问题不断引导学生深入思考,进入实验主题。为了能

让学生体验到更好的实验效果,也为使产学研三大板块结合得更加紧密,团队在教学和科研过程中不断进行实验建设,建设了量子计算实验、宇宙射线探测、核磁共振成像、锁定放大器等实验设备。此外,实验团队还不断进行实验的设计开发和改造,至今共创新改良了"傅里叶信号合成与分解""电磁感应""弗兰克-赫兹""气体方程""介电常数""洛埃镜""(新型)分光计""温度传感器""磁性材料特性""液氮汽化热""成像法测量牛顿环""巨磁阻抗""电路混沌""心脏起搏器"等数十个实验项目。团队创新开发的"太阳电池"实验成为国内首个新能源实验,至今已推广到 30 余所高校。

团队扎根于伏案实验的科学研究中,始终坚守在一线教学的岗位上,以"绝知此事要躬行"的姿态,实践着习近平总书记对广大科研工作者"把论文写在祖国的大地上,把科技成果应用在实现现代化的伟大事业中"的殷切期盼。

"上下内外"多维教育,点面结合驱动引导

众所周知,实验需由实验人员亲自操作,实事求是的实验过程是确保效果的必要基础。而疫情期间,为了使实验正常开展,团队在实验教学课程的设计上迎接了更大的挑战。从 2020 年 2 月开始,团队就积极关注疫情形势,响应学校号召,多次召开会议,讨论线上实验教学方案,并及时审批通过了实验选课系统。通过虚拟实验服务器测试、学生计算机情况调研、实验助教培训及讨论备课,同年 4 月,6 个居家实验方案和 12 个虚拟实验项目发布,线上实验课、论坛答疑、报告指导与批阅、线上考试与成绩上报等配套实验服务体系一应俱全。

有了前期的大量准备,线上实验教学施行过程非常顺畅,该实验课成为疫情期间学校开设的两门大型实验课程之一,团队在上海市教指委举办的物理教学研讨会上,就线上实验教学做经验分享。团队发现,线上实验教学不仅扩展了教学的时间和空间,增加了课程黏性,也深受学生们的喜爱。

作为在全国高校率先实行开放式的物理实验课程教学模式的团队,凭借线上选课和虚拟实验成功实施的经验,他们自主研制开发了物理实验选课系统的教材,2005 和 2008 年两次由高等教育出版社出版,推广到全国多所高等院校。

在 2014 年,团队就推出了国内最早的实验慕课,开放展示了 60 余个精品实验视频和思考题、千余道线上题库,并建立了互动论坛。数据显示,慕课课堂覆盖了全国 32 个省市自治区的学生群体,累计学习课程人数超过 30 000 人。该惠及校外师生的举措大获成功,2018 年,"大学物理实验"在线课程入选"国家精品在线开放课",物理实验教学真正实现了"线上线下,校内校外"多维一体的全方位教育模式的构建。

在教学过程中,团队老师非常注重学生基础知识的巩固和运用。在问题意识的基础上,老师带领学生展开具有层次性的实验操作,在实验过程中,结合基础训练和学科前沿,建立了多组自学基地,让学生们能够充分自主运用自制的通用设备进行操作实验,并结合演示互动讨论。团队也注重实验和专业应用与学术研究的衔接,用基础训练引领学生们不断发现新的问题,提出新的见解。

对于一门以动手实操为主的课程,团队也非常重视以实验历史的人文教育对学生的科学史观进行潜移默化的塑造与熏陶,希望学生知探索之艰,借此培养他们严谨认真的治学态度和不畏困难、力求突破的人格韧性。

实验育人,立德为本。人文关怀须得与实证精神结合,坎坷历史须得在实验的福祉中重现,一门好的理科课程,绝不止培育玩物的匠客,更要滋养年轻的开路人。

百尺竿头更进一步,众望所归树立品牌

在团队精心的教学与培养下,被激发起学术兴趣和治学理想的学生们多次斩获各级各项荣誉:2015 年,上海交通大学代表队获得大学生绿色能源科技创新大赛团队二等奖;2017 年,卢哲敏同学荣获大学生物理实验竞赛一等奖;2019 年,上海交通大学代表队荣获物理学术竞赛上海市特等奖,中国大学生物理学术竞赛二等奖;同年,李昶荣获得全国大学生物理实验竞赛-基础性实验题目二等奖;2021 年,上海交通大学代表队荣获中国大学生物理学术竞赛华东地区一等奖和全国一等奖;黄一骥同学在第七届全国大学生物理实验竞赛中斩获一等奖。

同时,团队也在 1997—2018 年间连续 21 年获得上海交通大学实验室管理

先进集体;2005 年荣获国家级教学成果奖和"国家精品课程";2008 年获评"上海市"和"国家级"教学团队;2012 年获得高等学校物理实验教学研讨会仪器评比一等奖;2017 年获得上海市级教学成果奖;2018 年获得平安校园建设先进团体和国家级精品在线课程;2021 年获得全国高校教师教学创新大赛一等奖。

在国家政策的引领下,团队不断对实验课程进行改革与探索,承担实验教改项目、全国教指委项目、上海市重点课程和学校教学改革重点项目等多项各级教育改革项目。

在实力不断加强和经验不断积累的过程中,团队也开始着力组织全国中学生物理竞赛——2018 年组织第 35 届全国中学生物理竞赛(决赛),2019 年组织第 36 届全国中学生(上海赛区)物理竞赛。作为国内最受关注的学科竞赛,其含金量可使竞赛所获成绩加权计入高考。两次高水平学科竞赛的承办获得了参赛学生和社会的广泛好评,竞赛设置的拔高性思维拓深程度和设计性极强的实验题也在拔高学生学科素质的同时引起了广泛的社会讨论。

起于认真治学的初心,有着攻坚克难的意念,带着普济学子的信念,大学物理实验教学团队依托学院学校提供的得天独厚的资源,在开创教学品牌、实现教师理想的路上一骑绝尘,未来可期。

附录：2021年"教书育人奖"获奖名单

"教书育人奖"一等奖获奖名单(共8个)	
单 位	**姓名／团队名称**
船舶海洋与建筑工程学院	刘锦阳
材料科学与工程学院	李铸国
环境科学与工程学院	曹心德
物理与天文学院、致远学院	叶 曦
农业与生物学院	陈火英
医学院基础医学院	陈广洁
马克思主义学院	萨日娜
生命科学技术学院	生命科学与技术国家级实验教学中心实验实践教学团队（负责人：张雪洪）

"教书育人奖"二等奖获奖名单（共 19 个）

单　位	姓名／团队名称
船舶海洋与建筑工程学院	周　岱
机械与动力工程学院	潘尔顺、王德忠
电子信息与电气工程学院	茅旭初、龙　环
数学科学学院	章　璞、张跃辉
物理与天文学院	叶芳伟
化学化工学院	张　卫
安泰经济与管理学院	朱　喜
外国语学院	张红梅
人文学院	张　沁
国际与公共事务学院	陈　尧
媒体与传播学院	艾　青
设计学院	韩　挺
自然科学研究院	张小群
仁济医院	曹　晖
第九人民医院	李青峰
物理与天文学院	大学物理实验教学团队 （负责人：王宇兴）

"教书育人奖"三等奖获奖名单（共26名）

单　位	姓　名
船舶海洋与建筑工程学院	余　龙、胡文蓉
机械与动力工程学院	付　庄
电子信息与电气工程学院	杨　杰、蒋剑飞
材料科学与工程学院	陈　彬
化学化工学院	张书宇
海洋学院	钟贻森
生命科学技术学院	许　平
农业与生物学院	殷　杉
医学院学生工作指导委员会	陈　燕
医学院护理学院	朱大乔
医学院公共卫生学院	徐　刚
安泰经济与管理学院	董正英、陈景秋、陆　蓓
外国语学院	于　杨
人文学院	刘元春
上海高级金融学院	李文连（William Li）
巴黎卓越工程师学院	袁怡佳
上海交大-南加州大学文化创意产业学院	周　斌
中英国际低碳学院	董　雪
继续教育学院	王　彦
瑞金医院	王学锋
新华医院	葛勤敏
上海儿童医学中心	王　莹